書名：命理用神精華（原本）
系列：心一堂術數古籍珍本叢刊　星命類
作者：〔民國〕王心田

主編、責任編輯：陳劍聰
心一堂術數古籍珍本叢刊編校小組：陳劍聰　素聞　梁松盛　鄒偉才　虛白盧主

出版：心一堂有限公司
地址／門市：香港九龍尖沙咀東麼地道六十三號好時中心LG六十一室
電話號碼：+852-6715-0840
網址：www.sunyata.cc
電郵：sunyatabook@gmail.com
網上書店：http://book.sunyata.cc
網上論壇：http://bbs.sunyata.cc/

版次：二零一四年三月初版
平裝

　　　港幣　一百一十八元正
定價：人民幣　一百一十八元正
　　　新台幣　三百九十八元正

國際書號：ISBN 978-988-8266-46-3

香港及海外發行：香港聯合書刊物流有限公司
地址：香港新界大埔汀麗路三十六號中華商務印刷大廈三樓
電話號碼：+852-2150-2100
傳真號碼：+852-2407-3062
電郵：info@suplogistics.com.hk

台灣發行：秀威資訊科技股份有限公司
地址：台灣台北市內湖區瑞光路七十六巷六十五號一樓
電話號碼：+886-2-2796-3638
傳真號碼：+886-2-2796-1377
網路書店：www.govbooks.com.tw
　　　　　www.bodbooks.com.tw
經銷：易可數位行銷股份有限公司
地址：台灣新北市新店區寶橋路二三五巷六弄三號五樓
電話號碼：+886-2-8911-0825
傳真號碼：+886-2-8911-0801
email：book-info@ecorebooks.com
易可部落格：http://ecorebooks.pixnet.net/blog

中國大陸發行・零售：心一堂書店
深圳地址：中國深圳羅湖立新路六號東門博雅負一層零零八號
電話號碼：+86-755-8222-4934
北京地址：中國北京東城區雍和宮大街四十號
心一店淘寶網：http://sunyatacc.taobao.com

心一堂術數古籍　珍本叢刊　總序
整理

術數定義

術數，大概可謂以「推算（推演）、預測人（個人、群體、國家等）、事、物、自然現象、時間、空間方位等規律及氣數，並或通過種種『方術』，從而達致趨吉避凶或某種特定目的」之知識體系和方法。

術數類別

我國術數的內容類別，歷代不盡相同，例如《漢書・藝文志》中載，漢代術數有六類：天文、曆譜、五行、蓍龜、雜占、形法。至清代《四庫全書》，術數類則有：數學、占候、相宅相墓、占卜、命書、相書、陰陽五行、雜技術等，其他如《後漢書・方術部》、《藝文類聚・方術部》、《太平御覽・方術部》等，對於術數的分類，皆有差異。古代多把天文、曆譜、及部份數學均歸入術數類，而民間流行亦視傳統醫學作為術數的一環；此外，有些術數與宗教中的方術亦往往難以分開。現代學界則常將各種術數歸納為五大類別：命、卜、相、醫、山，通稱「五術」。

本叢刊在《四庫全書》的分類基礎上，將術數分為九大類別：占筮、星命、相術、堪輿、選擇、三式、讖諱、理數（陰陽五行）、雜術（其他）。而未收天文、曆譜、算術、宗教方術、醫學。

術數思想與發展——從術到學，乃至合道

我國術數是由上古的占星、卜筮、形法等術發展下來的。其中卜筮之術，是歷經夏商周三代而通過

「龜卜、蓍筮」得出卜（筮）辭的一種預測（吉凶成敗）術，之後歸納並結集成書，此即現傳之《易經》。經過春秋戰國至秦漢之際，受到當時諸子百家的影響、儒家的推崇，遂有《易傳》等的出現，原本是卜筮術書的《易經》，被提升及解讀成有包涵「天地之道（理）」之學。因此，《易・繫辭傳》曰：「易與天地準，故能彌綸天地之道。」

漢代以後，易學中的陰陽學說，與五行、九宮、干支、氣運、災變、律曆、卦氣、讖緯、天人感應說等相結合，形成易學中象數系統。而其他原與《易經》本來沒有關係的術數，如占星、形法、選擇，亦漸漸以易理（象數學說）為依歸。《四庫全書・易類小序》云：「術數之興，多在秦漢以後。要其旨，不出乎陰陽五行，生尅制化。實皆《易》之支派，傅以雜說耳。」至此，術數可謂已由「術」發展成「學」。

及至宋代，術數理論與理學中的河圖洛書、太極圖、邵雍先天之學及皇極經世等學說給合，通過術數以演繹理學中「天地中有一太極，萬物中各有一太極」（《朱子語類》）的思想。術數理論不單已發展至十分成熟，而且也從其學理中衍生一些新的方法或理論，如《梅花易數》、《河洛理數》等。

在傳統上，術數功能往往不止於僅僅作為趨吉避凶的方術，及「能彌綸天地之道」的學問，亦有其「修心養性」的功能，「與道合一」（修道）的內涵。《素問・上古天真論》：「上古之人，其知道者，法於陰陽，和於術數。」數之意義，不單是外在的算數、歷數、氣數，而是與理學中同等的「道」、「理」--心性的功能，北宋理氣家邵雍對此多有發揮：「聖人之心，是亦數也」、「萬化萬事生乎心」、「心為太極」。《觀物外篇》：「先天之學，心法也。……蓋天地萬物之理，盡在其中矣，心一而不分，則能應萬物。」反過來說，宋代的術數理論，受到當時理學、佛道及宋易影響，認為心性本質上是等同天地之太極。天地萬物氣數規律，能通過內觀自心而有所感知，即是內心也已具備有術數的推演及預測、感知能力；相傳是邵雍所創之《梅花易數》，便是在這樣的背景下誕生。

《易・文言傳》已有「積善之家，必有餘慶；積不善之家，必有餘殃」之說，至漢代流行的災變說及讖緯說，我國數千年來都認為天災，異常天象（自然現象），皆與一國或一地的施政者失德有關；下至家族、個人之盛衰，也都與一族一人之德行修養有關。因此，我國術數中除了吉凶盛衰理數之外，人心的德行修養，也是趨吉避凶的一個關鍵因素。

術數與宗教、修道

在這種思想之下，我國術數不單只是附屬於巫術或宗教行為的方術，又往往是一種宗教的修煉手段——通過術數，以知陰陽，乃至合陰陽（道）。「其知道者，法於陰陽，和於術數。」例如，「奇門遁甲」術中，即分為「術奇門」與「法奇門」兩大類。「法奇門」中有大量道教中符籙、手印、存想、內煉的內容，是道教內丹外法的一種重要外法修煉體系。甚至在雷法一系的修煉上，亦大量應用了術數內容。此外，相術、堪輿術中也有修煉望氣（氣的形狀、顏色）的方法；堪輿家除了選擇陰陽宅之吉凶外，也有道教中選擇適合修道環境（法、財、侶、地中的地）的方法，以至通過堪輿術觀察天地山川陰陽之氣，亦成為領悟陰陽金丹大道的一途。

易學體系以外的術數與的少數民族的術數

我國術數中，也有不用或不全用易理作為其理論依據的，如揚雄的《太玄》、司馬光的《潛虛》。也有一些占卜法、雜術不屬於《易經》系統，不過對後世影響較少而已。

外來宗教及少數民族中也有不少雖受漢文化影響（如陰陽、五行、二十八宿等學說）但仍自成系統的術數，如古代的西夏、突厥、吐魯番等占卜及星占術，藏族中有多種藏傳佛教占卜術、苯教占卜術、擇吉術、推命術、相術等；北方少數民族有薩滿教占卜術；不少少數民族如水族、白族、布朗族、佤族、彝族、苗族等，皆有占雞（卦）草卜、雞蛋卜等術，納西族的占星術、占卜術，彝族畢摩的推命術、占卜術……等等，都是屬於《易經》體系以外的術數。相對上，外國傳入的術數以及其理論，對我國術數影響更大。

曆法、推步術與外來術數的影響

我國的術數與曆法的關係非常緊密。早期的術數中，很多是利用星宿或星宿組合的位置（如某星在某州或某宮某度）付予某種吉凶意義，并據之以推演，例如歲星（木星）、月將（某月太陽所躔之宮次）等。不過，由於不同的古代曆法推步的誤差及歲差的問題，若干年後，其術數所用之星辰的位置，已與真實星辰的位置不一樣了；此如歲星（木星），早期的曆法及術數以十二年為一周期（以應地支），與木星真實周期十一點八六年，每幾十年便錯一宮。後來術家又設一「太歲」的假想星體來解決，是歲星運行的相反，週期亦剛好是十二年。而術數中的神煞，很多即是根據太歲的位置而定。又如六壬術中的「月將」，原是立春節氣後太陽躔娵訾之次而稱作「登明亥將」，至宋代，因歲差的關係，要到雨水節氣後太陽才躔娵訾之次，當時沈括提出了修正，但明清時六壬術中「月將」仍然沿用宋代沈括修正的起法沒有再修正。

由於以真實星象周期的推步術是非常繁複，而且古代星象推步術本身亦有不少誤差，大多數術數除依曆書保留了太陽（節氣）、太陰（月相）的簡單宮次計算外，漸漸形成根據干支、日月等的各自起例，以起出其他具有不同含義的眾多假想星象及神煞系統。唐宋以後，我國絕大部份術數都主要沿用這一系統，也出現了不少完全脫離真實星象的術數，如《子平術》、《紫微斗數》、《鐵版神數》等。後來就連一些利用真實星辰位置的術數，如《七政四餘術》及選擇法中的《天星選擇》，也已與假想星象及神煞混合而使用了。

隨着古代外國曆（推步）、術數的傳入，如唐代傳入的印度曆法及術數，元代傳入的回回曆等，其中我國占星術便吸收了印度占星術中羅睺星、計都星等而形成四餘星，又通過阿拉伯占星術而吸收了其中來自希臘、巴比倫占星術的黃道十二宮、四元素學說（地、水、火、風），並與我國傳統的二十八宿、五行說、神煞系統並存而形成《七政四餘術》。此外，一些術數中的北斗星名，不用我國傳統的星名：天樞、天璇、天璣、天權、玉衡、開陽、搖光，而是使用來自印度梵文所譯的：貪狼、巨門、祿存、文曲，廉貞、武曲、破軍等，此明顯是受到唐代從印度傳入的曆法及占星術所影響。如星命術的《紫微斗數》及堪輿術的《撼龍經》等文獻中，其星皆用印度譯名。及至清初《時憲曆》，置閏之法則改用西法「定氣」。清代以後的術數，又作過不少的調整。

陰陽學——術數在古代、官方管理及外國的影響

術數在古代社會中一直扮演着一個非常重要的角色，影響層面不單只是某一階層、某一職業、某一年齡的人，而是上自帝王，下至普通百姓，從出生到死亡，不論是生活上的小事如洗髮、出行等，大事如建房、入伙、出兵等，從個人、家族以至國家，從天文、氣象、地理到人事、軍事，從民俗、學術到宗教，都離不開術數的應用。我國最晚在唐代開始，已把以上術數之學，稱作陰陽（學），行術數者稱陰陽人。（敦煌文書、斯四三二七唐《師師漫語話》：「以下說陰陽人謾語話」，此說法後來傳入日本，今日本人稱行術數者為「陰陽師」）。一直到了清末，欽天監中負責陰陽術數的官員中，以及民間術數之士，仍名陰陽生。

古代政府的中欽天監（司天監），除了負責天文、曆法、輿地之外，亦精通其他如星占、選擇、堪輿等術數，除在皇室人員及朝庭中應用外，也定期頒行日書、修定術數，使民間對於天文、日曆用事吉

凶及使用其他術數時，有所依從。

中國古代政府對官方及民間陰陽學及陰陽官員，從其內容、人員的選拔、培訓、認證、考核、律法監管等，都有制度。至明清兩代，其制度更為完善、嚴格。

宋代官學之中，課程中已有陰陽學及其考試的內容。（宋徽宗崇寧三年〔一一零四年〕崇寧算學令：「諸學生習……並曆算、三式、天文書。」，「諸試……三式即射覆及預占三日陰陽風雨。天文即預定一月或一季分野災祥，並以依經備草合問為通。」

金代司天臺，從民間「草澤人」（即民間習術數之士）考試選拔：「其試之制，以《宣明曆》試推步，及《婚書》、《地理新書》試合婚、安葬，並《易》筮法，六壬課、三命、五星之術。」（《金史》卷五十一・志第三十二・選舉一）

元代為進一步加強官方陰陽學對民間的影響、管理、控制及培育，除沿襲宋代、金代在司天監掌管陰陽學及中央的官學陰陽學課程之外，更在地方上增設陰陽學之課程（《元史・選舉志一》：「世祖至元二十八年夏六月始置諸路陰陽學。」）地方上也設陰陽學教授員，培育及管轄地方陰陽人。（《元史・選舉志一》：「（元仁宗）延祐初，令陰陽人依儒醫例，於路、府、州設教授員，凡陰陽人皆管轄之，而上屬於太史焉。」）自此，民間的陰陽術士（陰陽人），被納入官方的管轄之下。

至明清兩代，陰陽學制度更為完善。中央欽天監掌管陰陽學，明代地方縣設陰陽學正術，各州設陰陽學典術，各縣設陰陽學訓術。陰陽人從地方陰陽學肄業或被選拔出來後，再送到欽天監考試。（《大明會典》卷二二三：「凡天下府州縣舉到陰陽人堪任正術等官者，俱從吏部送（欽天監），考中，送回選用；不中者發回原籍為民，原保官吏治罪。」）清代大致沿用明制，凡陰陽術數之流，悉歸中央欽天監及地方陰陽官員管理、培訓、認證。至今尚有「紹興府陰陽印」、「東光縣陰陽學記」等明代銅印，及某某縣某某之清代陰陽執照等傳世。

清代欽天監漏刻科對官員要求甚為嚴格。《大清會典》「國子監」規定：「凡算學之教，設肄業生。滿洲十有二人，蒙古、漢軍各六人，於各旗官學內考取。漢十有二人，於舉人、貢監生童內考取。附學生二十四人，由欽天監選送。教以天文演算法諸書，五年學業有成，舉人引見以欽天監博士用，貢監生童以天文生補用。」學生在官學肄業、貢監生肄業或考得舉人後，經過了五年對天文、算法、陰陽學的學習，其中精通陰陽術數者，會送往漏刻科。而在欽天監供職的官員，《大清會典則例》「欽天監」規定：「本監官生三年考核一次，術業精通者，保題升用。不及者，停其升轉，再加學習。如能黽勉供職，即予開複。仍不及者，降職一等，再令學習三年，能習熟者，准予開複，仍不能者，黜退。」除定期考核以定其升用降職外，《大清律例》中對陰陽術士不準確的推斷（妄言禍福）是要治罪的。《大清律例・一七八・術七・妄言禍福》：「凡陰陽術士不許於大小文武官員之家妄言禍福，違者杖一百。其依經推算星命卜課，不在禁限。」大小文武官員延請的陰陽術士，自然是以欽天監漏刻科官員或地方陰陽官員為主。

官方陰陽學制度也影響鄰國如朝鮮、日本、越南等地，一直到了民國時期，鄰國仍然沿用着我國的多種術數。而我國的漢族術數，在古代甚至影響遍及西夏、突厥、吐蕃、阿拉伯、印度、東南亞諸國。

術數研究

術數在我國古代社會雖然影響深遠，「是傳統中國理念中的一門科學，從傳統的陰陽、五行、九宮、八卦、河圖、洛書等觀念作大自然的研究。……傳統中國的天文學、數學、煉丹術等，要到上世紀中葉始受世界學者肯定。可是，術數還未受到應得的注意。術數在傳統中國科技史、思想史，文化史、社會史，甚至軍事史都有一定的影響。……更進一步了解術數，我們將更能了解中國歷史的全貌。」（何丙郁《術數、天文與醫學中國科技史的新視野》，香港城市大學中國文化中心。）

可是術數至今一直不受正統學界所重視，加上術家藏秘自珍，又揚言天機不可洩漏，「（術數）乃吾國科學與哲學融貫而成一種學說，數千年來傳衍嬗變，或隱或現，全賴一二有心人為之繼續維繫，賴以不絕，其中確有學術上研究之價值，非徒癡人說夢，荒誕不經之謂也。其所以至今不能在科學中成立一種地位者，實有數困。蓋古代士大夫階級目醫卜星相為九流之學，多恥道之；而發明諸大師又故為惝恍迷離之辭，以待後人探索；間有一二賢者有所發明，亦秘莫如深，既恐洩天地之秘，復恐譏為旁門左道，始終不肯公開研究，成立一有系統說明之書籍，貽之後世。故居今日而欲研究此種學術，實一極困難之事。」（民國徐樂吾《子平真詮評註》，方重審序）

現存的術數古籍，除極少數是唐、宋、元的版本外，絕大多數是明、清兩代的版本。其內容也主要是明、清兩代流行的術數，唐宋以前的術數及其書籍，大部份均已失傳，只能從史料記載、出土文獻、敦煌遺書中稍窺一鱗半爪。

術數版本

坊間術數古籍版本，大多是晚清書坊之翻刻本及民國書賈之重排本，其中豕亥魚魯，或而任意增刪，往往文意全非，以至不能卒讀。現今不論是術數愛好者，還是民俗、史學、社會、文化、版本等學術研究者，要想得一常見術數書籍的善本、原版，已經非常困難，更遑論稿本、鈔本、孤本。在文獻不足及缺乏善本的情況下，要想對術數的源流、理法、及其影響，作全面深入的研究，幾不可能。

有見及此，本叢刊編校小組經多年努力及多方協助，在中國、韓國、日本等地區搜羅了一九四九年以前漢文為主的術數類善本、珍本、鈔本、孤本、稿本、批校本等數百種，精選出其中最佳版本，分別輯入兩個系列：

一、心一堂術數古籍珍本叢刊

二、心一堂術數古籍整理叢刊

前者以最新數碼技術清理、修復珍本原本的版面，更正明顯的錯訛，部份善本更以原色精印，務求更勝原本，以饗讀者。後者延請、稿約有關專家、學者，以善本、珍本等作底本，參以其他版本，進行審定、校勘、注釋，務求打造一最善版本，供現代人閱讀、理解、研究等之用。不過，限於編校小組的水平，版本選擇及考證、文字修正、提要內容等方面，恐有疏漏及舛誤之處，懇請方家不吝指正。

心一堂術數古籍 珍本 整理 叢刊編校小組

二零一三年九月修訂

四明王心田建寀瞻撰

秘本命理

用神精華

劉侶笙題

中華民國二十五年季春再版 命理用神精華

全書三冊 實價法幣八角

著述者 四明王心田廷宷瞻

閱定者 張自明

總經售 上海錦章書局

印刷者 錦章書局

分發行者 各大書局

序

書曰詩三百一言以蔽之曰詩無邪可見萬物皆一理也予用心哲學多年愧無寸進所以不能寸進者乃欲窮其理而不可得夫各書所載五行生尅制化刑冲相合不特議論紛歧且大都以財官印綬為美而梟煞傷刦為凶較諸應驗似非準確而書中既曰無傷不貴有病為奇而何以又曰官星正氣忌見刑冲即此二語不無相反況無格局而至富貴者有之有格局而反貧賤者亦有之其故何歟殊不可解雖曰書則示人以規矩變化在人然有種種疑惑之點不足以挈領提綱大約哲學與醫學相彷蓋醫學自長沙以後各有襍說而近今則尤甚實則以紫奪朱巧立名目而已然識症不明何以立方用神不明何以推

命因見各書一盤散沙故有望洋之歎至上年秋得閱四明王心田先生所著之用神精華一書捧讀再三頭頭是道一如暗室之燈可謂神而化之殊非率爾操觚者比於是登門拜訪得親教益研究半載得以次序漸進豁然貫通蓋王氏有長者風而其目精叅二載因病而止益見王心田先生於二年之中朝斯夕斯寢食不安苦心孤詣誠為難能假使心有鴻鵠將至即二十年豈有如是之精格哉觀王氏之命理用神精華一書乃一埽前人之積弊以啟後人之知識如金如玉庶可以垂永久凡學命理者當可視為寶鏡用心叅攷而得精進之功夫矣是為序

民國二十五年歲次丙子青浦儒醫沈竹人謹識

自序

余未售斯術前關於命學未之知也溯自己未年冬營業失敗始學命理漸售斯術志在利己利人恒心練習不敢妄言欺人力學兩載而疾病纏身無能再進乃以此兩載之所得與人推命而圖糊口不問進步如何迄今十有六年矣深蒙士商各界之謬讚去年又蒙諸友迫余著書出版驚異非常想著作之事乃儒家所為必以詩賦文章為前提余乃小商人資格未經讀過重要書籍焉有著書之才學實深愧惶經友人再三催促並謂無須詩賦但須事實不欲深奧只求淺顯俾可普及社會普通人士之需要以致避無可避不得不勉為其難惟以兩載之學十六年之經驗貢獻於學者之前然於握管時回思命學程度究

屬有限此書出版後於人有益者亦可自告無罪如為有害者還是藏而不發也余亦信神佛一分子既是主見不定特至凝河路同業公所鬼谷先師座前求籤決疑得二十八籤詩曰

公侯將相本無種　好把勤勞契上天
人事盡從天理見　才高豈得困林泉

觀此四句適有合本書之意義者尤以第三句最為親切無論靈驗與否所奇者問答符合莫道無神竟有神乎為此決意著書出版惟草率無文尚祈海內同志有以教我

暫定名曰用神精華

自序二

談命之法首重用神蓋八字如一幢房屋用神者棟樑也屋無樑而不固人之八字如無用神亦豈能有所發展乎然此最重要之法最難推察甚至萬卷命書亦無分出用神一條正路後學者是以更難達命理研究之目的須知定用神之法必先觀四時之節氣再察五行之性質蓋因四時節氣各異五行性質不同者也然明此理然後推其病源始有一條用神途徑發現出來能使學者一目了然熟練之下談命不用思索用神立見所以本書專重用神其他生尅論用神大畧四時節氣八格論長生變通法之類俱與用神有連帶關係者亦述之尚有用神之外墓絕滾浪晦氣等類其有應驗也皆列載於後願後學君子及

售斯術者有所明瞭若以故意駭人天理不容其餘一切大敗八敗鐵掃華蓋驛馬及星辰之類與用神無關刪除不載至於壽元識者希知時須是洩天機而且各種關係極多如堪輿配合心田等等皆有利害本書不錄

秘本命理用神精華目錄

△上集▽ 總論

卷上

●論命理之起源

欲知命理。須察天理。不察天理。焉知命理。

●人事盡從天理現

子平曾云。天地陰陽兩氣。降於春夏秋冬。各生其時。有用者吉。無用者凶。是以識天機之妙理。談大道之玄微。天既生人。人各有命。所以早年富貴。八字運限咸和。

按命之出處。自陰陽兩氣而結成。降於四季寒暑之中。凡命之好歹。重在有用無用喜忌之間。是故推命。非窮究用神不為功。其他各種格局次之。若推察用神。必先認清天機妙理四個字為標準。發用在於天理之間。人既由天而生。命之理由。亦自依天理而定也。非獨人焉。

萬物亦由天地之氣而產生也。天以青氣降雨露。滋以地之濁氣實質之土。應時而產萬物。人乃萬物之最靈者也。欲窮究天理之法。惟有從金木水火土五物。於二十四節氣寒暑之中。觀其興衰。而定其去留。故曰人事盡從天理見。成敗方面。尚以八字與運限符合者為貴。若命與運相違。命中雖有用神。亦難望其發福。故曰早年富貴。八字運限咸和。

●論用神之大畧

凡定用神。其法不可以太過。或不及而推想。常有弱格。即不及之命。忌生扶。而喜盜氣洩氣尅制者。强格。即太過之命。反忌盜氣洩氣尅制。而喜生扶者。第一須在變通之中用功夫。從寒暑中究其愛憎。而定去留。自有一條用神之途徑。隱約其中。有水木取用者。有木火取用者。有火土取用者。有土金取用者。有金水取用者。此謂助用神之生氣更有火金取用者。金木取用者。木土取用者。土水取用者。水火取用者。何以冲尅之物。能並取用神耶。此理重在變通。蓋八字中適喜此二物。就以此二物並用之。用其所喜。何忌冲尅。又有僅以一物取用者。或金。或木。或水。或火。或土。不必他物助用神。亦不必用神去助他物。此種八字亦常有。惜乎命學家。少有知其妙用耳。古書有用之以官不可傷。用之以財不可刦之論。皆書中之大畧也。未能表明究竟。假如官星與傷官。均有益於日主。雖官星為有用之神。偶遇傷官。亦不忌也。又有某書載。不用財星儘可刦。不用官星儘可傷。亦執一之論也。每見官星雖非用神。不能傷之。財星雖非用神。亦不能刦之。例如木生於秋。以金為官。而官星非是用神。似乎火傷之亦無害。若日主忌見火。傷無用之官雖無妨。犯及日主亦忌也。譬如木生於秋。秋金利器。為制身之賊論。傷之本無害。然則初秋炎氣尚重。木畏火焚。火傷官仍作害物。故雖不用官星。亦不能傷也。財雖非用之物。似乎刦之無妨。若日主忌見比刦。則財雖無用。亦不宜刦之。總之定用神之法。至少須對方與日主並顧最佳。用神能顧三數方。然則用神不宜損傷居多數。神峰所謂。要在隨時變通。須知入眼分明。此兩句命學家可依之為條律。本書各節皆有變通意義。至於用神細則。詳載於五星論中。

●論生尅

金能生水。亦能害水。如水星旺。再逢金。豈不增其泛濫而害之也。水無生金之道。能救金。如初秋之時。金雖漸入旺鄉。陽氣尚重。尤忌火多。水則制火救金。然亦能害金。若於深秋及冬令以至初春。金性畏寒。見水反增其寒冷。豈不害金乎。若生夏令。去火洩氣。損益並見。亦無所用。

水能生木。又能死木。如於冬令嚴寒之際。水結冰凝。木之氣脉收藏於根。冰凍過冷。根被傷。其木安得生存也。必致於死。又能害木。如春令木旺。正欲發展。見水則陰重。使其不能萌芽。豈非害耶。又能救木。如夏令及初秋之際。夏火炎炎。足以焚木。秋金銳銳。足以制木。若非水來制火化金。其木殆矣。是則水能救木也。

木能生火。又能害火。若夏日火氣熾盛。再逢木來生。其熱足以燎原。是則害火也。如於初春。木雖生矣。陰氣尚重。無火暖不能生長。是則火亦能生木也。且火又能死木。夏月火炎。燥木逢火。猶之乾柴烈火。木作灰飛。決死無疑矣。惟亦能救木。如秋令金重尅木。則非火來。除金救木不為功。

火能生土。土不能生火。但能害火。夏火雖炎。土多則晦其光。又能救火。冬火晦。遇水尅。非土救之不可。

土能生金。金豈能生土。但能害土。如秋冬之際。子旺則母衰。豈不害土耶。又能救土。夏土雖旺。木來受敵。非金救不可。

金能尅木。木亦能損金。金雖鋒及之器。多伐木。必傷其口。是則木損金矣。又能害金。蓋春夏冬。金衰喜土助。木來損其用物。豈不為害。亦能救金。秋金逢土。多遭埋沒。非木來破。則永埋土中矣。
木能尅土。土不能尅木。能害木。初春之木。芽枝始拔土多根盤不發。則為害矣。又能救木。四季之木。其根必寬且大。如無土。性雖堅亦易倒。冬令水旺。木枯。尤宜土制水培木。皆救木之良劑也。
土能尅水。水亦能尅土。洪濤滾滾。激流沖堤。土被漂沒。豈非土被水尅。又能救土。火灼夏土。無生物之功。欲使夏土能產物。須得水來滅火以潤土。亦能害土。土在寒冬得火暖。而產生萬物。陰氣重而去熱度。增其寒以水凍。滅其生產能力。是以害土矣。
水能尅火。火亦足以尅水。水淺遇旺火而乾涸。晒水之無形。與尅無異。又能救水。時值冬令。水結冰凝之時。無火溫暖。不能流通。

火能尅金。金不能尅火。能害火。火衰之時。賴木生扶。金來損木。以削火勢。害火無疑。此法害重於尅何也。例如身衰煞重之命。用印綬化煞。而煞雖制身。尚能助印綬之用神。金者火之財也。木之煞也。水之母也。水雖尅火。而生木助火。所謂助用神。金害火。則盜火氣。尅木之用神。又去助煞。命理最忌傷用神。故曰害重於尅。又能助火。所謂太陽火忌林木為仇。得金去木。則陽光能普及萬方矣。

以上總述生尅之法。皆合用神之喜忌者也。

●論格局

本書專以叙用神為宗旨。以貢獻於研究用神家之需要。

本書不談格局。然歷觀新舊書中。無不論之。故亦畧表幾句不另起爐竈。就各書之意義而述之也。古書所載入格者為貴命。破格則賤。所謂格局者。如朝陽拱祿拱貴夾丑。炎上潤下曲直從革稼穡之類是也。名目繁多。恕不贅述。此皆呆格性質。普通人亦常見之。此種八字。未必盡貴。又有傷官食神格。正官偏官格。正印偏印格。正財偏財格。及羊刃建祿格之類。神峯書中。不過表其性情惡劣與善良。並非完全作格局論。仍以五行之愛憎用功夫。命中所愛。雖惡亦喜。命中所憎。雖善亦忌也。不可以財官印食悉為善物。傷煞梟刃皆以惡論。所謂傷官格中。亦有君子。正官格中。能無小人乎。觀夫某書論。用財官印食四吉神者。運宜助之。用煞傷梟刃四凶神者。運宜制之。豈有是理也。苟如林省長造。庚金卯月。以梟神為用。豈非用財來制乎。豈知遇梟神運最佳。僕賤造亦庚金日生。印綬為用神。行戌土運。為一生最得意時也。或如甲生午月。見庚金為煞。行火運。勝耶敗耶。請高明者試之。定有幾分把握。神峯十干定格之論中。以甲生寅月為建祿格。卯月為建刃格。巳月為食神格。午月傷官格。申月七煞格。酉月正官格。亥為偏印格。子為正印格。辰戌丑未為雜氣財官格之類。按其書本重用神。其法暗藏天理。可稱為定用之導師。惜學者不察其中之妙用也。依十干定格之論。並非提綱為格。乃以觀提綱而定日元之弱旺。閱其病藥說類。便明瞭矣。子平云月提取用。亦此意也。學者就以月提為用神。不明真理。不能得用神一條途徑。未免牽强誤人。又有某書中載。依月干定格之法。以月支暗藏最旺之物。透出天干。乃稱格局。

再定用神。此理不易解。論用神不可損傷。凡命學皆知之久矣。惟不識定用之法耳。鄙意以為八字如房屋。用神作棟樑。若某書以格局作廬舍。蓋廬舍較棟樑。更不能損傷。若廬舍損傷以至坍倒。則棟樑亦隨之而倒。其勢然也。至於格局。可以尅可以制。用神亦可以傷之制之。逢傷。用神之運則敗。信而有徵。傷格局之運。依理更險矣。應概生之扶之。然事實常不驗。又觀某書載蔣委員長造。庚金傷官為喜神。何以喜神要制。余不敢言。事實。庚金為病。以梟神為用也。因其金重火輕。運補用神之不足。格局究竟驗否。吾不敢必。故本書不重視。

●論十干化氣

化氣與格局。各書皆抄有舊文章。命學家多有不研究用神。專在格局及化氣之中用功夫。然則化氣論中。究有幾分之驗。余不敢妄談。大概專論化氣者。亦莫明其堂奧也。古書曾言。十干化氣有影無形。依此兩句。明明浮而不實。如以化氣為有理。當為命書之重要品。則甲己走土運是喜。乙庚踏金鄉必佳。丙辛利於水運。丁壬美在木地戊癸行南方則發矣。結果則往往相反。所以化氣之道。不能重視。本書亦不多述。畧敘幾句。以明輕重。查此法。有化旺不化弱之點。假如己土取用。木為忌神。生於夏令。適與己合甲。化土則佳。如生春令。木星正旺。豈肯化土從弱。尚有理可言耶。又有旺亦不化。每見人之八字。如冬水正旺。應喜火運。干透辛金。運行丙火。應概化水變為刼財。所謂化吉為凶。然行此運。十有九佳。以此類推。則化旺之說又不實

矣。總之化得用者。為佳。惟本星不致磨滅。如甲己化土。則
甲木未必化為無形。學者須留意。萬勿呆論。而決休咎也。

十干總論

子平之書。以甲為參天之木。曰直埋萬丈。又曰棟樑。乙曰花菓之木。丙曰太陽之火。丁曰燈光。戊曰泰山。又曰城墻。己田園。庚頑金。辛珠玉。壬曰江河。癸曰露水。先人定名本非無因。後人誰能識得其中之妙。使學者無根可究。故淵海子平者。實言其深奧也。今以快刀斬亂麻之法。就近論之。但求其符合用神之道。決之。木不問其有根無根。甲為雄壯之木。乙為花草之類。軟弱而細小。丙火明若太陽。言其性猛。丁火之光柔如燭燈。言其性微。見丙火奪光之句。當以奪光為刼財之意。古書云。失令難熔一寸金。此論休

咎時代。完全作燈光看。又云。得時能鑄千斤鐵。在旺相之際。亦能鑄千斤之鐵。結句曰。旺一爐衰一藥。觀以上諸言。明明以時令而定旺衰。豈可皆作燈光論也。諺曰。星星之火。可以燎原。此之謂也。戊曰泰山。曰城墻。曰隄岸。究竟是何性質。人莫能識之也。古書亦不過大畧。言其土性雄厚而已。己曰田園之土。當以薄弱之性耳。庚曰頑金。又曰鋼金。其力強其性堅論之。辛金柔弱之體。其力遜於庚金。壬曰汪洋。言其性狂。癸曰雨露。為無力之水。真詮論十干為氣質之別。亦無特殊根據可靠。總而言之。五陽與五陰以剛柔標準之可也。

●論長生與墓絕

命理之中。有長生沐浴冠帶臨官帝旺衰病死墓絕胎養之道。長生者。猶人之初臨盆也。沐浴。即在臨盆後。而使之就沐也。冠帶。乃在自能穿衣戴帽之時。臨官。即專祿。則在二十前後。血氣方盛之際。帝旺。即羊刃。如三旬前後。人之最强健之時也。衰乃近四旬。由壯而轉衰弱。病則四旬後。衰而乏力。易起疾病矣。死者猶五旬而後之人。風燭殘年。古人云。人生五十不為夭。即此意也。既死而後入墓。已無軀殼之完整。至是曰絕。其靈魂再去貪生。謂之胎。十月滿足。又轉為養。自此循環不已。生生不絕。至於長生有理解不同之點。墓絕有於推命時應驗之處。是以分三項述之如下。

●一長生

子平真詮。以氣質為主。似乎帶點虛空。詳載於第三集中。

神峯闢謬所載。陽長生支中藏有生扶而有力。陰長生皆洩氣盜氣之物。謂之弱。然其中亦有未盡處。故再細述之。關於陽長生。惟壬丙長生為最有勢力。蓋丙火生寅月。印綬有氣。陽氣亦生。火亦隨母而旺。寅中又藏甲丙以扶助之。壬水生七月。申金當權。處暑之時。水亦有氣。蓋申藏庚金生之。壬水助之故也。甲木生亥。亥中雖有壬甲生扶。不過冬令之木。究覺陰氣重。枝葉剝落時間。雖曰長生。其勢則遜於壬丙之長生矣。至於庚生巳月。戊生寅月。則尤遜於甲木。蓋甲雖生於枯朽時代。表面尚有亥中甲木助之。壬水生之。或稍轉點勢。若庚之生巳。戊之生寅。支中雖亦有比印生扶。無如皆在七煞當權之時。不過一點名目而已。所以庚戊長生。又遜於甲木。總之長生云者。如人之初生。血氣未足。不可以旺相論。祿旺之地。乃真旺耳。陰長生既以弱質。何以古書再當長生論。例如乙生午。丁已生酉。癸生卯。辛生子之類是也。其中亦有理解。假如甲生亥屬陽。順行。亥為長生起數。二乃子為沐浴。三為丑冠帶。四為寅臨官。第五數至卯即帝旺。乙為陰木。逆位而行。然甲乙同屬木。皆逢寅卯為祿旺。乙乃逢寅為五數。四位卯。三曰辰。二曰已。輪至起數而遇午。就以此為長生。餘可按此類推。是以陰長生重於祿旺。長生乃起數之法。而虛偽之性。無足輕重。世人以長生為何等重要。不亦謬哉。惟子息多寡用長生訣。頗有靈驗。

●二墓庫

辰戌丑未為四庫。辰為水庫。戌為火庫。丑為金庫。未為木庫。已見於三合之中。即申子辰成水局。火金木局亦然。甲生亥。輪至未適值墓庫。此乃普通之法。不待贅述。反之乙丁辛癸四位屬陰。逆行而數。得辰為金庫。戌為木庫。丑為火庫。未為水庫。戊己則從丙丁。以戌丑為庫。依理而言。必從陽而不從陰。夫逆行者。乃湊遇之象也。如乙生午倒數至第九位。墓地適逢戌字。即以此為庫。似乎俱有虛偽之意義。凡命學者。須要參攷。逢此四者。為假墓庫推之可也。尤若甲庚逢辰戌。壬丙逢丑未之類推之。亦可也。

普通談命者。有墓庫喜冲之說。然從經驗所得。有冲好。亦有冲壞。總之土為喜神。不冲亦佳。若為忌物。雖冲無益。惟四庫逢刑。不論陰陽順逆。運至刑庫之地。不見破耗。便見刑傷。十有八驗。尤其丑戌相刑。則更驗。若子平真詮論。墓庫逢刑沖則不忌刑沖未必成格。皆文人筆墨。何嘗試驗。妄說他書之謬。須知雖不忌沖。而必忌刑。成格忌刑沖之理。凡貴人必成格。莫非貴人之命。皆無刑沖字也。即真詮書中。亦有之也。

●三絕處

甲絕於申。乙絕於酉。丙絕於亥。丁絕於子。皆煞居絕地。戊絕於亥。己絕於子。庚絕於寅。辛絕於卯。壬絕於巳。癸絕於午。皆偏財居絕地。命運之成敗。雖重於五行之喜忌。但依經驗所得。十干若臨絕地。亦見有刑害。雖五行取為用神。亦難望其全美。談命理者。不可不注意及之也。

●論反伏吟

無論流年太歲。與日干支相並者。謂之反吟。如甲子生日人。遇甲子流年。或有刑害發生。然則其為害也尚輕。又有流年太歲與日干並。而支冲者。如甲子逢甲午之類是也。名曰天比地冲。其年害尤輕。亦有日干支冲流年太歲之干支者。謂之伏吟。例如甲子日逢戊午流年。俗呼曰天尅地冲。其害則較以上兩則尤重。若五行中所喜之神。或能免其災害。尚有時干支冲流年太歲者。其禍害較諸以上數則更重。更有日干支與流年太歲干支相合者。如甲子日逢己丑流年。甲與己合。子與丑合之類。名曰晦氣流年。其禍害更為重大。凡人命逢此種晦氣之年。犯及自身。乃見災耗傷亡者少。犯及他人者。傷亡居多。輕則官訟疾病火災等事。然則並不應在當年。上下之年。亦或犯及。如甲子逢己丑。上年戊子。下年庚寅。亦須仔細。再查其五行喜忌。而定其害之輕重。苟能平安無事者。十中不過一二。若遇有喜慶之事。而免晦氣是非。亦或有之。但不多見耳。

●論干支之關係

此論大運之干支。非命中之干支也。關於干支。本無所論。無如新舊書中。似有不同之處。故亦畧述之。而無重要之可言。依情節却亦重要。神峯論中。有干能壓支之説。假如八字喜走金運而忌火鄉。適行丙申丁酉。金被火壓。雖達用神之方。亦難施力。似乎近理。但依經驗所得。逢丙丁固敗。至申酉運仍佳。所以上論。亦不過理解。難作事實。又某書載干支。作三七管限之法。無論干七支三。或干三支七。行運是否應驗於三七之年。若應驗者居多。乃可不論其理由之曲直。以三七轉運標準之。若與此法相違者。則不能依此而言也。按此法。與初學者有誤會之關係。為此敘明。又有古今書中。論行運。皆十年相連。不分上下五年者。苟如甲寅乙卯庚申辛酉等運。適上下同性。或可作十年之談。不分上下。亦可。若逢庚寅甲申之運。有忌金喜木。亦有忌木喜金。何能十年混談。此各書之錯誤處也。總之行運干支。須要分開上下五年。不能易其真理。吾人研究命學。須由應驗上用功夫。有一分之經驗。乃有一分之進步。既學此書。不得當玩具。亦不可作迷信論。所惜者。後學難能窺其堂奧耳。嘗見大運與流年相背者。究竟對於喜忌若何。假如運喜金水忌木火。適逢金水大運。木火流年。諸如此類。大概言之。大運為重。流年較輕。所以應大運為多數。應於流年者。不過十中之二而已。運與流年相背者。成敗較輕。大運流年相符者。成敗較重也。學者務必隨時試驗。勿以談錯為羞。方能答到進步之目的。

●論子午與巳亥

古書以子午為陽。巳亥為陰。此論吾不明瞭。若子午干頭皆為陽物。巳亥干頭皆為陰物。又有地支六合。理應陰合陽。陽合陰。然則寅亥合。巳申合。觀此兩則。分明巳亥為陰。子丑與午未合。則子午為陽。再察其四生及四敗。而與六親生尅之理。則不然矣。蓋巳亥從寅申。為四生。子午從卯酉。為四敗。尤其是甲見子為正印。午為傷官。巳為食神。亥為偏印。乙見子為偏印。午為食神。見巳為傷官。亥為正印。此則子午完全為陰。巳亥屬陽矣。究為孰輕孰重。余以為生尅之道。最關重要。非敢妄決。吩諸愛學君子論之。

●論合婚之輕重法

合婚之法。始自呂才。所謂三元九宮八卦之說。神峰闢謬論中。悉已去之。無存在之必要。從中尚未闢盡。故本書再補述之。按五星之法。自軒轅大撓二氏首造甲子干支以來。向無命書。唐代袁守成始着五星指南。以年為主。呂才合婚之法。由是而產生。亦以年為主。明代徐均作子平之書。以日為主。年為祖。月為父母兄弟。日干為本身。支為妻室。時為花。菓為子女。其理頗善。是以子平之書。風行遍遐。指南書由此而取消。既無指南書之存在。呂才合婚法。亦應隨之以去。後學不明真偽。常以此法。合配婚姻。豈不謬乎。凡正理合婚者。非以傷官與劫財。雙方較量輕重則不可。總之婚姻乃天定。父母有愛子之心。擇配當亦慎重。售斯術者。既明此理由。亦不宜數衍了事。若專以生氣福德為上婚。不論刑冲。皆可合配。苟男命適逢休囚時。四柱又無比劫。女命生於旺相。加以傷官重重。其可配乎。今表明兩種性質。凡遇合婚須重五行可也。

●論六親之不清

六親之法。各書備載。不屬用神之內。本書本可不錄。無如新舊各書。所論不一。所述混雜。故亦畧言之。依古書皆是正印為母。偏財為父。比肩為凡弟姊妹。男以正財為妻。官煞為子。女以官星為夫。傷食為子。某書述古法之無理。曰偏才為父。我尅者財也。子無訓父之理。女以傷食為子。凡妻之子。即夫之子也。女之傷官食神。即男之官煞。而我之子。又來尅我。以為謬説。依理亦不合。況偏才為父。又為偏妻。豈能父作子之妾也。印綬既為母。官煞為子。即印綬之孫也。不知官煞能生印。豈有以孫生祖之理。是以闢之為善。依某書所定之法。男女皆係印綬為父母。傷食同為子女。所謂夫之子。即妻之子也。男以正財為妻。女以官星為夫。避免以下犯上之嫌。表面觀之。似乎理出於正。若究其中之意義。亦不盡善。若說子女同用傷食為子女。例如男以甲乙木。妻為戊己土。父母壬癸水。子女丙丁火。我子即妻子也。然而丙丁火生戊己土。子又去生母矣。戊己土生庚辛金為子女。妻子即我子也。所謂子又來尅父矣。非惟尅父。又去生祖父母矣。究竟甲乙生丙丁傷官為主。抑或戊己生庚辛傷食為標準。某書未曾表明。吾亦莫明其妙。故曰論六親之不清。鄙意以為夫妻同體。夫若屬木。妻亦屬木。水星同爲父母。丙丁背作子女。三代相生。闢去金土兩星。爲最善。若見四代。丙丁生戊己。來犯壬癸水之曾祖矣。此論亦只當玩物。不能認真而誤世。總之古言六親無非以生生不絕之義爲宗旨。若以一定要下不犯上之目的。惟有三行耳。

●論正官

正官者。乃陽尅陰。陰尅陽之類是也。如甲生酉月。乙生申月。丙生子月。丁生亥月。戊生卯月。己生寅月。庚生午月。辛生巳月之類。此謂正氣官星。乃本身之出處。如府縣官能管束人民。不使爲非作惡。豈能爲人民之用物也。惟四季雜氣之中。或財或官及虛官。而有取用之處。凡官星臨於歲月時中。謂之虛官。日主強。官星之氣不足。多數以財來生官。又有忌財者。獨用官煞來助。忌比印。尤喜食傷者。按傷官食神。乃官煞之官煞也。雖制衰官。暗中能生財。助官星之根。比劫者。官煞之財星也。官星既衰。不可再見比劫。盜官煞之氣。又斬官煞之根。印綬乃洩官星之氣。並忌之。日主強。官星亦有氣。須雙方比較輕重。苟如日主強過於官星。似以財生官。若雙方勢力不相上下。雙方皆不宜助。或以用傷食洩日主氣。而制官星。作雙方和解之神。如日主與官星並弱。此種八字。一生無出息。則不能用傷食。及財與比劫等類。惟取官印作雙方之兼顧。又如日主弱。官星強。不可用傷食制官星。蓋身弱亦忌洩氣也。大忌財神。只喜比劫奪財。而分官星之勢。最喜者。為印綬生扶。而敵其財官也。

●論七煞及偏官

陽尅陽。陰尅陰。謂之七煞。如甲見庚乙見辛之類是也。為殺身之利器。古書皆論其性情如虎急燥如風。凶頑無忌憚。乃十惡之流。小人之類。要制服而成偏官。或用化合以挫其凶頑之氣。而入正道。論其性情。煞重無制化。八字頗多。不過稍具剛氣。頗能明理。亦不乏善良之輩。若以尅身之患論。則每見有生扶七煞之命者。由是觀之。豈能完全凶物論也。無論生尅制化。須觀八字中喜忌。而定去留。古書曾言。莫言身弱造化而為之衰。勿以煞多而為壽年之夭。要在隨時變通。須知入眼分明。此四句。亦命學者之寶箴也。非惟論煞宜變通。其他各節。亦貴隨機應變。

●制之以力。不如化之以德。

論制煞。不如化煞之義。要分兩端。不可混而述之。所論制煞者。傷官食神是也。凡煞用制者。身煞須並旺。喜傷食洩日主之氣而制煞。化煞者。印綬也。凡用化煞之命。要在煞重身輕之格。用印綬化七煞。並能生扶日主。此亦兼顧之法也。關於合煞之道。有喜合亦有忌合。如甲見庚煞。生於春月。行乙運雖能合煞。未必為佳。生於他月。或有愛合者。又如乙見辛煞。生初春。或秋冬之際。逢丙火來合則喜。若在炎熱之時。雖曰傷官合煞。不能化水。反增熱烈之害。所以研究命理。無論對於何種八字。須各方並顧之。

偏官有制化為權。英俊文章發少年。歲運若行身旺地。功名大用福雙全。

按七煞多凶暴有權威。若得馴服而歸正道。反極有用。故曰有制而有權。此等八字。亦係煞重身輕之類。八字中有制。再達身旺之運。助起日元而敵之。自然功名大用矣。

食神制煞逢梟。不貧則夭。

其理以身煞兩強之格為例。喜食制煞。又能洩我之氣。雙方和平之法。若逢梟神奪食。而助身過旺。失去和解之神。則身煞惡戰無了期。非和平之道。故曰不貧則夭。苟為身弱之格。則食制不如梟化之為利矣。

煞星重而行煞旺運。早赴幽冥之客。

煞星既重。身自不敵。再逢煞旺之運。制身太過。豈能言吉。然則早赴幽之句。似覺過重其詞。駭人聽聞耳。

傷官制煞。與食神制煞之兩較。

古書以為傷官。不如食神制煞之顯著。其理雖善。其事實則無若是之簡單。如甲見丙制庚。乙見丁制辛煞之類。謂陽見陽尅。陰見陰尅則有力。又如甲見丁尅庚。丙見己尅壬煞。即陽尅陰。陰尅陽。為傷官制煞。有陰陽之隔。男女之别。其力較輕。以上所論。分明食神勝於傷官矣。是以普通談命者。見人之八字有七煞。不管日主與七煞感情若何。專指食神為無上吉星。但依病藥及變通方面而論。則傷官有勝食神之處。蓋煞既重要制。其煞必為病神。而日主亦不弱。如甲逢庚煞。得丙火制之。庚金豈能敵丙火。則病神已去。無起發可觀。乃平常人也。何貴可言。若甲逢庚而遇丁。此謂傷官制煞。力量有限。乃煞重制輕。其病未去盡。再逢去病之運。乃為貴也。若八字有煞無制。及煞重制輕之命。則食神運勝傷官多矣。最好八字中。用傷官制煞。蓋八字既亦不弱。傷官乃透氣之物。而有威儀。煞之病亦未盡去。運上再逢食神制之為妙。無論任何八字。四柱必須有病。行運補其中和。此謂談命之要訣。蓋病者忌神也。藥者用神也。命中要病重藥輕。乃為佳造。若有病而無藥。則不取矣。古書云。煞輕制重。為人到底迍邅。煞重制輕。身旺總須發達。觀此四句。即可明其意義矣。

陰為柔物。身遇刑尅亦無傷。

陰者女也。凡女性主柔。雖見凶惡之物來尅。亦能避其勢。則害輕矣。故曰身遇刑尅亦無傷。

陽主剛權。原弱逢煞官而兩破。

陽者男也。男性剛。不問身勢何如。或在煞重身輕之時。適煞來制。强欲交鋒。其禍害則重。故曰原弱逢煞官而兩破。

用煞之大畧。

凡身强煞淺之格。大多以財生煞為主。如四柱財星重重。身主雖强。盜氣過多。或用化合之法以安之。然而合不宜多。多合反為仇。古書所謂。羣陽妬合一陰。楚漢爭鋒之象。諸陰爭合一陽。不過蛙鳴蟬噪。觀此四句。亦可明合多之害。又分輕重矣。又有身煞兩强之格。宜傷食制之。若傷食過重。不但制煞太過。日主之氣亦被洩盡。此等八字。惟有用煞印或官印。一路可通。凡用煞印或官印相生之命。大概病輕者居多。又有生煞皆立於不旺不弱之地者。用何法以治之也。惟有財印並見而解之。內中仍看財印之輕重。親其輕。而遠其重。此類命造用神亦難定。非用變通之法。難覓線索。尚有煞重身輕之格。不宜傷食制。大忌財生煞黨。喜見比刼扶身。尤宜印綬化煞以生身。

論官煞混雜。

官煞混雜之論。各書皆有理解。有去官留煞者。亦有去煞留官者。枉見傷官而去官存煞。見食神則制煞存官。亦有去輕留重之說。苟如官煞並出。而無制無合。乃謂混雜。惟神峰稍與他論不同。其理以官煞相連只論煞。官煞各分為混雜。如年月上。官煞並透。即是相連。皆作煞論。或官煞透於年時之上。謂之各分。乃謂混雜。此法亦近於理。蓋官星和善之性。君子之流。七煞者。凶神惡煞。小人之流是也。今官煞同處。有同化之可能。語云。近墨者黑。此之謂也。若官煞臨於年時上。則各霸一方。我行我志。故曰混雜。又論去留之法。以天干主動。則易去。地支主靜。則難去。似亦近理。總之無論混與不混。若得身勢强旺。力能勝其官煞便佳。神峰之結論曰。身强遇此多清貴。身弱重重禍百端。可以明其官煞混雜。亦無關大局。甚至官煞混且重。財星亦大旺。日主極弱。亦有貴人在焉。論富貴命。神峰之病藥說類。偏枯為貴。頗有應驗。其法以大凡至富至貴之人。必先勞其筋骨。餓其體膚。空乏其身。然後動心忍性。增益其所不能。人命之妙。其猶是乎。夫命理之增益。非八字中增之。乃在運上增益之也。四柱亦宜見用神。宜輕不宜重。若忌神與用神並重。則病已盡。亦不貴矣。然則貴命。非一定格局造就。多由四凶神排立於命中。用之得宜而成。蓋傷煞梟及之類。性質精明。胆量過人。然後能達到大貴之目的也。

●論正印

正印者。生身之母也。乃陰見陽。陽見陰之類。性質慈善。凡事能利已利人。與正官食神同為君子之流。凡正印等物取用。為生財有道。或有身旺忌比印之命。行正印運。亦能維持現狀。大多無害於事。蓋慈母有愛子之心。子母不和。不過難望其助力。所以正印之物。利多而害少。如傷用神。則亦忌見。

●論梟神

梟神即偏印。乃陽見陽。陰見陰。為繼母之類。凡偏印性質。表面文秀而親善。胸藏不測之機。苟取為用神。則較正印為尤美。具隨機應變之功夫。人所不能料也。若梟神而為忌物。則禍深重。所謂繼母不容。乃鞭笞備至。身無完膚矣。

●論比刼羊刃

比刼與日主同性。為兄弟之類。比刼重而財散。凡散財之命。其性情必豪爽居多。故身旺之格。力能乘其財。何必要兄弟來分奪。或逢弱格。力不能乘財。宜以比刼分之為安。凡取比刼為用。總歸虛花無實惠。若四柱財神過多。日主弱極。遇比刼或可稍得其利益。惟羊刃運。無論身弱。遇此煞。益少而害多。

●論傷官

傷官者。殺傷官府。不服官治。乃化外之人也。然傷官。亦有賢愚之別。喜自強。腹中秀氣充足。傷官能洩之於外。此謂好精氣最好金水傷官旺洩出於地支。其人清秀多智慧乃傷官格中之君子也。傷官若透於天干。則人雖聰敏。常有傲慢之氣。若為火土水木傷官。其性更驕。此種格局。如身弱則洩盡腹中精華。威武顯露。視人如無物。所謂化外之人也。宜以印制而歸正道。若逢梟神制之。則勇謀兼全。成為大偉人矣。凡傷官格。身旺宜化。身弱宜制。化者財也。制者印也。

●論食神

食神者。知禮義明廉恥之士也。只宜獨見一位。乃實貴之品。雖非用神。亦不宜傷。若見二位。則不貴矣。每有食神最喜刦財鄉之說。此論須分開講。如日主強。刦財雖扶食神。而助日主太旺。亦害也。如身弱財重。食神之氣亦盜盡。宜以比刦分奪財星。助日主兼助食神。所謂食神最喜刦財鄉者也。

●論正偏財

我尅者為財。陽見陽。陰見陰為偏。陽見陰。陰見陽為正。俗以財為養命之源。然則五行得用。固稱養命之源。或與日主臨對敵之地。則作害命之物看。身旺之格。大多喜財。亦有忌財者。但不多見。弱格雖忌財者多。偶亦有喜財者在焉。此論與普通法。似乎矛盾。須知五行。自有不同之處。必須先明天理。方知喜忌之法也。

上論各節。皆談命之大畧。其詳細載於五星用神之中。可為標準或參攷也。

●論四時之節氣

節氣與用神有連帶關係。按四時節氣。乃由天理而變化。五行之性質。亦隨之而不同。欲知天理。先察節氣。然後求用神循序而進也。

初交立春火始產生

此謂丙火長生在寅之意。如人之初生。血氣未足。不可作旺論。只存一絲生氣也。已表明長生論中。不再贅述。

雨水之中木正榮

按正榮二字。並非旺極。又非初出萌芽之意。乃在其枝葉怒發之際。有漸漸轉旺之象。

驚蟄春分皆論木

此謂二月節中。木星正在旺相之時。大概他物可不必論矣。

其中輕重在三旬

總稱雖曰旺相。其輕重仍在上中下。三旬之中。可以分出。察其意義。無非推中旬為最旺之時。在春分前後。各五天。猶人之中年。血氣方剛之候也。

木茂水聚清明候

交進清明節氣。木性尚在茂盛時代。惟天道轉熱。水性漸衰。已在歸宿之際。無流動之勢。是則木尚茂。水則聚而成堆之象矣。

穀雨水土兩存形

按存形二字。宜明其來去之分。蓋陽漸盛。土亦隨陽氣而存來之形質。水則陽氣愈重。其性愈涸。但存去之形質。大低一點潮濕而已。是以穀雨氣中。水土二物。只存形質矣。

立夏五朝又是土

初交立夏五天之內。土性尚不大旺。五天後始得勢。而而乘其財神。

土金相會旺中旬

氣交小滿。土有産子之力。而生庚金。謂之母子相會。即庚生巳。不應在立夏節論起。小滿氣定長生。按事實。七煞當權。陽長生中最無力也。

小滿之時丙火用

並非以丙火爲用神。乃此時丙火。正在得勢之候。其氣正盛也。

火土芒種不須論

按不須論三字。非說其無力。乃謂此時火正旺。土亦正盛。明知旺相。不必再窮究其旺弱矣。

夏至陰生陽始極

交進夏至。陰氣漸生。乃陽氣旺之極矣。盛極而將有轉衰之勢。

一交小暑木存形

春日木旺。交進小暑。雖在失令。然其形質尚盛。枝葉正茂。其形榮極。其氣則衰。故曰小暑木存形也。

土最旺時交大暑

交近大暑。未土正旺。暑氣甚烈。土雖旺。而性焦燥。何能應時而產萬物。仍屬無用之類也。

立秋坤土五朝存

此謂立秋之後五天內。土尚不弱。雖金漸秉令。仍不言其洩氣過重。五天之後。則子旺而母衰矣。

坤土既生金自旺

坤土既生庚金。母衰子强。而金星又臨祿旺之鄉。猶人在血氣正盛之時也。金愈重而土愈輕矣。

時逢處暑水方生

交入處暑。水始產生。即壬生申。在七月之中旬。可知處暑前。水尚未生。雖印綬司權。水力尚不足。所以古人嘗曰。大旱不過七月半。即此意也。每見夏秋之交。伏暑正盛。易成旱災。處暑後。暑氣漸退。而有甘霖矣。

白露秋分金旺極

凡五行臨帝旺之鄉。正旺極之時。金亦然也。此理與木星同。亦可分為三旬。秋分前後各五天。為最旺之時耶。

寒露七日尚言金

交進寒露七天之內。金星尚旺。七天後。漸漸收令。而轉衰。亦不可完全衰弱論。因陰氣漸增。則金性漸減。逐時而失其勢矣。

火土聚時霜降後

霜降之後。土雖存其來之性質。其力則遜於穀雨時之土。蓋以寒暑氣候各別。穀雨之後。陽轉重。有母助之。霜降之時。前金後水。盜洩其氣。雖曰土旺四季。實則名目而已火聚者。乃收斂時代也。不能透其光輝。木性收藏於根。無助火之功。是以火土兩物。皆聚集而不能活躍矣。

立冬乾氣水將盈

將盈者。將滿也。欲滿而不滿也。滿則溢矣。猶之旺極則衰也。待二候一朝。方用其水。此時水星正旺。方可用。亦非以之為用神。乃正旺得勢之時也。

木須小雪始能生

交進小雪木始產生。所謂甲木長生在亥。其理解已詳於長生論中。

大雪水生陰正極

大雪之時。陰氣正重。而水星旺極之際也。

陽生冬至火堪論

經曰。冬至一陽生。火乃隨之而來。此理當不可作旺解。蓋時值冬令。寒氣正重。何能有若干光輝。不過一點溫和之氣。回光一照。而即滅也。

小寒火絶却言水

交進小寒。火氣仍絶。水尚得勢。上句言冬至之火。雖得溫和。進小寒仍絶。豈非一點回光。焉有實力哉。

大寒金土兩存形

金去土來。金則實去矣。蓋一方水旺洩氣。再則木性動而盜氣。金星正弱。何堪再受重重剝削。故曰實去。土乃虛來。蓋徒有四季旺土之名。其實木水分界之時。冬土本乃畏寒。水增寒而盜其氣。木尅制之。土無能為矣。故曰虛來。總之土金兩物。此時只存其形質而已以上所述各段。乃五行生旺之理。再憑造化。而定其興衰可也。各書皆載土旺四季。然則何能無輕重之別。關於命理之學。不可拘泥。須要變通。古書曾言。土無正位。寄生於四季。寄生者。借住之意也。豈有實權哉。如孟仲之月。金木水火乘旺之時。豈有土之地位存焉。僅在四立之前。各十八天。金木水火自欲收束之時。而讓與土也。故曰土無正位。古書有云。寒土堪成稼穡功。謂衰土能成稼穡之意。未土母子皆得勢。可謂旺極。旺土難成稼穡格。只作火炎土焦論之。

論五行之性質

上已述四時之節氣。然後可以敘五行在各時之性質矣。

所謂定用神之細則也。至於論用神之法。其重在於五行陰陽較量輕重為要素。

春金之用神

初春之金。性體柔弱。況殘冬適去。寒氣未除。尚喜火來溫暖。為護身之要物。既見火。則金性稍具鋒芒。可以用比劫來助其形勢。如原八字中缺火暖身。則金雖多。亦不能施其威。所以初春之金。火不能省也。春日木漸旺盛。此之謂財旺身弱。若八字中木多。春金非但無削伐之功。反傷其柔弱之體。若再見水。則洩金之氣。而又增寒。金力愈乏矣。是以水木兩物。皆不可取用。要以土來盜財神之氣。制木之源。而養金之質。助金之形。此時土性鬆厚。而有溫和之氣。不致埋金。反能生扶。故並喜土。既喜火土兩物。土多不妨。火不可過多。

交進二月。木性大旺。金力愈減。此財神不能作為養命之源。誠害命之物也。水乃助木兼洩金之氣。並忌之。此時陽氣漸盛。金性不畏寒。無用火之必要。惟喜比劫之物。分奪其財神。而助日主。最喜者。印綬也。此類八字。見比劫而得名。遇印綬而獲利。

清明節後。陽氣已重。衰金忌火煆煉。不能作護身之物。而為制我之蟊賊。此時財星仍重。弱質之金。不勝其旺財。反足以滋助官煞而尅日主。是以財亦忌見。水乃洩身主之氣。無所取用。惟以印綬與比劫。為正副用神耳。以印綬為正。

比 辛丑 梟神
刦 庚寅 正財
　 辛未 梟神
煞 丁酉 專祿

初六己丑
十六戊子
二六丁亥
三六丙戌
四六乙酉
五六甲申

辛金生於正月。雨水之時。木星正旺。天道尚寒。金性弱而忌冷。辛四柱不見水星。少洩氣增寒助財之患。八字中比刦專祿印綬雖多。無火暖之。難施其威。是以五行全恃丁火七煞透出。暖寒金有功。然則正月之丁火。其力尚微。月支寅木正財。雖能助煞。幸木不多。不然損土亦忌。今以土有寒水助金之功。與火並用。

梟 己卯 偏財
煞 丁卯 偏財

初四丙寅
十四乙丑
二四甲子

辛丑 偏印
財 甲午 七煞

三四 癸亥
四四 壬戌
五四 辛酉

辛金生二月。性質弱極。木性最旺。今見甲卯三木。柔弱之金。不能尅制。反為勞力。兼之丁午兩煞。隨之施威。制身太過。是以木火兩物。與我為對敵之神。四柱不見水星而無害。蓋水雖去火之物。一方生木亦忌。害重利輕之物。不見為妙。五行既無比劫分奪無用之財。全憑丑己二土之印綬。生扶日主而敵煞。亦得兩用之妙。隨以土而定為用神。運達水木火地。皆非所宜。自交戊土運而轉機。此時臨用神之運。獲利無疑。進辛酉運。比劫總歸虛榮。名譽雖佳。祇應付而已。

傷　癸酉　羊及
財　乙卯　正財
　　庚午　正官
煞　丙戌　偏印

初五　甲寅
十五　癸丑
二五　壬子
三五　辛亥
四五　庚戌
五五　己酉

庚金生二月。春分之時。木性旺極。加以陽氣漸生。金性雖衰。不畏寒。柱中官煞重見。且貼身尅制衰金。已見其病。再以乙卯兩木正財。助凶神惡煞。並盜其氣。癸水傷官。雖能制煞。一方洩金氣而生財。亦非所宜。酉金羊及。無非助空氣。八字獨取戌土。偏印。以其善能化煞生身。有一物二用之妙。且喜不損。是以定為用神。此造行比劫運而得名。逢印綬以獲利。進羊及則仙遊矣。

印	戊寅	偏財	初五 丁巳
煞	丙辰	偏印	十五 戊午
	庚午	正官	二五 己未
食	壬午	正官	三五 庚申
			四五 辛酉
			五五 壬戌

庚金生三月。穀雨之時。陽氣已重。庚金乏力。柱中官煞重逢。尅制日主。加以寅木又來助煞。木火之病已明。壬水雖堪制煞。而洩金氣。亦非佳物。辰土欲來助日主。奈被寅木尅制。五行惟取年幹戊土。化煞生身。以作用神。是以幼年火運。皆非吉地。自交己未正印運以來。蒸蒸日上。庚申辛比劫運。名譽亦佳。達進酉運。臨羊刄以後。接連壬水食神。皆不宜矣。

●夏金之用神

夏令火星乘旺。官煞橫行。金體仍在柔弱之際。豈堪洪爐煆煉。再加木來助火。則火勢愈猖獗矣。使金性鎔化而不成器。難免傷其體質。八字中若見比劫印綬。火雖旺亦自能助形也。此所謂化煞生身之道。惟羊刄總屬無用。水雖能制火。亦不取用。以其洩弱金之氣也。按夏金譬如花甲老人。四柱木火。如患感冒之症。普通談命。以為比劫護身。水來制火。所謂食神制煞。此皆呆論也。苟以食神傷官取用者。猶之病人進表藥也。凡表藥必散氣。年老之人。豈可全用散氣之藥。病雖愈而氣亦盡。無益於事。必用表而兼補。以却其疾病。而調理其體質。非印綬比劫不為功。何也。以其能洩旺火之氣。而又扶助日主。所為制煞。不如化煞之為益也。

大暑之後。若金土過多。畧見水木或不為害。然庚金生夏令。見土多似有剛暴之性。用神非他不可。

食	壬午	正官
財	乙巳	七煞
	庚戌	偏印
印	己卯	正才

初九丙午
十九丁未
二九戊申
三九己酉
四九庚戌
五九辛亥

庚金生四月。煞重身輕之格。官煞毗連。只作煞論。巳火尅身已重。無所謂長生。兼之乙卯兩木。又來助煞。為害非淺。壬水雖制煞。而洩衰金之氣。單顧一方。難作用神。今查八字。得己戌兩土正偏印。化火而生扶日主。得兩用之妙。乃定為用神。初運丙午丁未。一帶火鄉皆未利。進戊運漸入和平之境。直至酉金羊刃運。變更受環境壓迫。率至失敗。進庚運。連下戌辛等運。始復舊觀耳。

比	辛亥	傷官
財	甲午	七煞
	辛未	偏印
財	甲午	七煞

初八 癸巳
十八 壬辰
二八 辛卯
三八 庚寅
四八 己丑
五八 戊子

辛金生五月。正衰弱之際。七煞當權。重重尅制。未土本屬助身之要物。惜被兩午夾合。而失生金之能力。亥水傷官。又不能制午火。反洩日主之氣。兩甲木透出。無用之財。宜藏不宜透。又去生煞。是以木火兩物。皆作病神。八字全仗年上辛金。分奪財神。稍減火勢。聊作和解之神。無如不足。再逢金土之地。名曰溫藥補身之法。

心田自造。

印 戊寅 偏財
印 己未 正印
　 庚寅 偏財
官 丁丑 正印

初九 庚申
十九 辛酉
二九 壬戌
三九 癸亥
四九 甲子
五九 乙丑

庚金生六月。大暑未交。炎氣已重。丁火官星。本非用物。又有兩寅木財神。助火作祟。四柱不見無用之水。則無患。全憑四土洩火氣。而生扶日主。為重要之神。俗以土厚埋金。則大謬也。自交庚申辛運起。比劫帮身。出道頗早。名譽亦佳。進酉運達羊刃之地。以至失業。自酉運至壬水運。十年之間。披星戴月。受盡風塵之苦。無甚良果。進戌運。臨用神之方。而入佳境。交進癸水傷官運。洩金氣。雖戊合類成火形乃亦害物。操業失敗。豈能免也。自己未冬。乃滾入江湖而圖餬口。運處亦可畏矣。

財	甲戌	偏印	初六 壬申
刼	辛未	正印	十六 癸酉
	庚辰	偏印	二六 甲戌
官	丁丑	正印	三六 乙亥
			四六 丙子
			五六 丁丑

庚金亦生六月。未進大暑。火性尚烈。失令之金。難敵得時之火。加以甲木財星助火為患。幸有辛金。稍可去木。殺火勢而資日主。惟喜四土生之為合用。而今年逾花甲。觀其一生行運。惟有戌運全部為得意。其餘皆非所喜。無能取用也。

●秋金之用神

秋金秉令坐祿之鄉。強健無疑。再見比劫。其體愈剛。重逢印綬。其土易折。土加多而埋金。然金之性質。不論蜂銳無比。木總不宜過多。蓋金見木而伐之。木雖不能敵金。多伐則斧斤亦傷。雖曰秋金銳銳而乘財神。財多亦忌。所謂五行性質不同者也。

初秋之候。暑氣未退。金雖旺而煞亦不弱。所以火不宜多。喜水來洩金氣。又能制煞。並作財星之根。按七月之金。如人之在中年。血氣方剛。身煞有對待之勢。雙方皆作病論。宜表不宜補。所以用食神傷官洩旺金之氣。制七煞。又能暗來生財。乃清解之法也。此謂身煞兩強。制鄉為福之道也。

仲秋之金。要以水木火三物並臨。即謂之火煉水磨。鑄成鋒銳之器。用神惟取木火。大忌印綬與比劫耳。季秋之金。天道轉涼。無須用水。仍以木火為主。不宜見比印。近冬金性寒。畧已轉衰。稍見比印則不忌。關於用神。火為主木助之。

傷	壬辰	正印
印	戊申	劫財
	辛丑	偏印
印	戊子	食神

初一	己酉
十一	庚戌
二一	辛亥
三一	壬子
四一	癸丑
五一	甲寅

辛金生七月。四柱不見一點火。適逢戊子時。乃一位朝陽格局。應推富貴之命。何以又是普通人也。所以格局完全名目而已。少有應驗。惟朝陽格局。主人文秀是實。若當以成格論。少年金運應利。進水運應敗。但其事實。適得相反。

此造。少年金運平常。行水運名譽極佳。依節氣而論。初秋則喜水來生財。進白露柱中水既重。不宜再逢水運。若初進立秋節。見水或能聚財。此造生白露前一天。逢水而得虛名。欲獲實惠。必在甲寅運中。

偏	戊子	傷官	初七 辛酉
比	庚申	建祿	十七 壬戌
	庚申	專祿	二七 癸亥
比	庚辰	偏印	三七 甲子
			四七 乙丑
			五七 丙寅

庚金七月。地支申子辰會局。對於寅午戌之財官印。完全成為井欄叉格。依古書重於格局者。又是貴命無疑。而不知仍是普通商人也。按命理。總以用神為主。此造四柱比印重重。宜用辰中一點乙木財神。而生官星。子水聊作財

神之根。而洩旺金之氣。惟不能作用神。此造少年金土運次。水運尚可。惟以甲木運為最佳也。

印	戊戌	正印
比	辛酉	建祿
	辛卯	偏財
印	戊戌	正印

初四	壬戌
十四	癸亥
二四	甲子
三四	乙丑
四四	丙寅
五四	丁卯

辛金生八月。正在司權。勢力可以橫行天下。奈何母多拘留。使英雄不得出頭。此謂土厚埋金格也。支坐卯木。身旺應得之財。又能破土。無如酉祿貼身相冲。分奪無餘。四柱又無火來制金存木。受虧多矣。出道以來。一帶水運。庸庸祿祿。惟甲木運破土。稍露頭角。以後丑運為最次。至丙寅運。則稱全美矣。

財 乙亥 傷官
官 丙戌 正印
　 辛未 偏印
煞 丁酉 專祿

初九乙酉
十九甲申
二九癸未
三九壬午
四九辛巳
五九庚辰

辛金生九月。節近立冬。金性已寒。水不宜多見。秋金本忌土也。然則近冬。金性稍轉衰弱。雖有兩土。亦不大忌矣。若作強格論。宜以火制。今以寒性推算。當以火暖之。所以丙丁兩火。暖寒金有功。乙木財星。又來助官煞。格局純粹。雖不大發。亦得樂而無憂也。

官 丙申 劫財
印 戊戌 正印

初八己亥
十八庚子
二八辛丑

辛丑　偏印

傷　壬辰　正印

三八　壬寅

四八　癸卯

五八　甲辰

辛金生九月。初交寒露。金性尚旺。四柱純是金土。助身太重。反不能顯揚。正所謂埋沒英雄。丙火透出。應作用神。雖有壬水傷官來制。妙有戊土護身。得辰戌對冲。冲出辰中乙木。聊作官星之根。是以木隨火並取為用神。以上行運。皆在金土水鄉。現在仍在壬水運。傷丙火為忌。待進寅木運。方能言佳也。

冬金之用神

冬月之金。形寒性冷。其質亦弱。見水陰氣重重。而增其寒。且洩衰金之氣。土為堤岸。能制水之源。為助身之要物。若見木多。寒金無削伐之功。勞而無益。反是以損其印綬。是以水木兩物並忌。要以火來溫其體。暖其性。然後其質健全。能施鑿伐之功。土能止水。使金性不寒。加以火來助之。無不利矣。比劫雖多。則無所用。此法與初春之金。大概相同。以官煞印綬並用。惟比劫有異耳。

財	乙亥	食神	初二 丙戌
官	丁亥	食神	十二 乙酉
	庚辰	偏印	二二 甲申
比	庚辰	偏印	三二 癸未
			四二 壬午
			五二 辛巳

庚金生十月。初交立冬。天道已寒。兼之兩亥水相映。愈增其寒。使金星不能執化。五行得丙辰土塞水道。而生扶庚金為實。最佳者。惟有丁火官星。為護身之本。加以乙木助之。然則木不宜多。以其多則損土也。此造自四十八歲。交

進午火運。而後轉入佳境。夕陽雖好。將近黃昏。為日不多矣。

煞　丙辰　偏印
比　庚子　傷官
　　庚午　正官
印　己卯　正財

初八辛丑
十八壬寅
二八癸卯
三八甲辰
四八乙巳
五八丙午
六八丁未
七八戊申

庚金生十一月。大雪之後。形質寒冷。坐支午火。又被子水冲去。且以見水而增寒。辰土被合。則減助金之能力。八字全恃丙火七煞透出。以暖寒金。方成其器。是以有用。加以己土正印。制水助身。亦所喜之物。今以煞印並取為用。獨一卯木能助丙火。不可再見而傷己土。一排水木運。皆非善地。進火運土鄉。始可言吉。

財　乙卯　偏財
印　戊子　食神
　　辛丑　偏印
官　丙申　劫財

初十　丁亥
二十　丙戌
三十　乙酉
四十　甲申
五十　癸未
六十　壬午

辛金生十一月。節臨小寒。亦在寒冷時代。子水增寒之物。妙有丑合。申金為柱中之閑神。雖無害。亦無益。五行得丙火虛官透出。暖辛金有功。兼之戊土正印。貼身相助。是以取官印為用神。乙卯兩木。幸屬陰性。不傷陽土。而能助火。不可再見。多亦忌也。前行亥運應次。丙戌十年。惜乎太早。再逢火土之方。則又違矣。

比　庚寅　偏財
印　己丑　正印

初七　庚寅
十七　辛卯
二七　壬辰

庚子 傷官

食 壬午 正官

三七癸巳

四七甲午

五七乙未

庚金生十二月。性質仍在寒冷之中。午火虛官。本為柱中之要物。坐支子水傷官。冲尅官星。為最忌之神。喜得丑土合去。其功甚大。不然用神受損。真為乞丐之命也。再有寅木遙合午火。始得轉危為安。加以巳土助之。始成普通之命。惟壬水透出。使寒未除。其病未清。宜以運補。所以前行一排金木水運皆次。自交巳火七煞運。乃達佳境也。

●春木之用神

初春之木。在漸漸生發之時。其性未堅。加以寒氣未除。宜以火來暖之。木本賴土培植。但土不宜過多。若土多則木反受制。然則五行中。木本尅土。而土重亦能害木。何也。蓋四時木之性質不同。初春之木。正在萌芽時代。其根亦在發展之際。土多則壓之太重。不免根盤受損。豈有發展之能哉。如比劫重重。亦宜金來削伐。但不可過多。蓋木性甚嫩也。若無火而增水。則寒氣更增。豈能萌芽哉。

二月之木。柱中水火。須要並見。不宜偏多。因水助劫財之物。只許一點。行運不宜再見。如柱中火不多。遇火運不妨。若柱中火已重。則行火運似乎太燥。亦不取。二月木性最難推察。因天道似寒非寒。似熱非熱之際。關於土則不論寒熱。看木性而定多寡。其木漸大。其根漸展。而漸堅。土亦逐漸而加厚。金要看木之多寡而增減。少見為妙。惟水火兩物。冷暖須配調勻。是以論春木最宜仔細。不可以木旺專以洩氣尅制為貴。乃呆論也。蓋木之性質。與他物有不同之處也。

春末木雖旺相。然陽氣已重。木防燥渴。宜以水來滋。亦忌太多。多則助刼財而不取。無水而增火。渴燥過甚。枝葉防枯。其能華麗乎。總之二三月之木最喜財星也。

傷 丁亥 偏印
印 壬寅 建祿
甲辰 偏財
財 戊辰 偏財

初一 辛丑
十一 庚子
二一 己亥
三一 戊戌
四一 丁酉
五一 丙申

甲木生正月。初交立春。寒氣未退。壬亥雨水。不能生木。反使陰氣重。嫩木尚在萌芽之時。柱中土多則根盤。不能舒暢欲為也。八字惟喜丁火傷官透出。甲木得暖氣而能欣欣向榮。初行金水運。陰氣更濃。何能言佳。土運壓木。亦非所喜。惟取丙丁運。可為美矣。

食	丁未	偏財	初一壬寅
印	癸卯	建祿	十一辛丑
	乙卯	專祿	二一庚子
食	丁亥	正印	三一己亥
			四一戊戌
			五一丁酉

乙木生二月。身臨祿旺之鄉。地支亥卯未全。會成東方一氣。古書所謂仁壽格也。若以成格論。嫌自帝而喜坎地。白帝者金也。坎者水也。總之忌金喜水。然則依其經過則相

反。此造念二歲。交進庚金運。頗順利。庚午年任統捐局長。行子運。逢坎地。而失職。近年仍在敗運之中。若依用神推察。身强喜財來生官。初交驚蟄。陽氣未重。年上丁火。被癸水制去。全由時上丁火。助財神而生官。所以庚運利。要再露頭角。非逢財運不可。

劫	乙未	正財
財	己卯	建刃
	甲子	正印
煞	庚午	傷官

初四	戊寅
十四	丁丑
二四	丙子
三四	乙亥
四四	甲戌
五四	癸酉

甲木生二月。月臨建刃。氣近春分。木性旺於極端。柱中劫財羊刃疊見。更助其榮。天道寒暖調勻。柱中不欲見水。而助劫財為忌。火乃助財之神。不能省。且寒氣尚未盡。略加

點亦可作木火通明論。今八字中。又得已未兩土為依靠之神。蓋最喜者財也。書云建及若行財官運。為人必白手成大業。良不謬也。

印 壬寅 專祿
比 甲辰 偏財
甲子 正印
己巳

初八 乙巳
十八 丙午
二八 丁未
三八 戊申
四八 己酉
五八 庚戌

甲木生三月。清明之後。木星正茂。比肩專祿過多。有刦財之患。無資助之功。陽氣已生。火不宜多。木性防燥乾之患。壬子兩水。潤木有餘。多則助刦財為忌。五行惟取己辰兩土財神。以資扶旺木。不見官煞。財須防刦。是以達金土財官之地。定能斬煞崢嶸也。

夏木之用神

依天理推察。夏木性質尚堅。不可以休囚論。惟氣候炎熱。不免枝枯根槁。防枝葉之焦朽。宜以水來潤澤。始無乾枯之患。時當生旺。自然滋之有力。土乃培植之物。萬不能省。若八字無水。使焦燥之土。豈能培植萬物也。木雖尚在華麗時代。猶能成林。總無結果。蓋夏木雖盛。不過虛榮。能開花不能結實耳。此時木不畏傷食洩氣。惟忌火炎土焦。木作灰飛之禍。所以要水土調和滋生日主。而制烈火為宜。孟仲之月。金星力乏。鑿木無功。若於季夏。金漸有形。而施剹伐。所以夏土總以水土為主。

劫 乙亥 偏印
官 辛巳 食神

初五庚辰
十五己卯
二五戊寅

七煞 甲申
食 丙寅 專祿

三五 丁丑
四五 丙子
五五 乙亥

甲木生四月。尚在茂盛之時代。比劫重逢。以助虛榮。惟丙巳丙食神疊見。火星過重。甲木須防枯槁。得亥水滋潤。又兼辛金透。為水之源頭。而助其長滋之力。惟不見土。未免根鬆。所以宜達財運。補其不足之處。始可美觀。至於四生之局。不過名目而已。總之五行安置得法。最為重要也。

印 壬辰 正財
比 乙巳 傷官
乙巳 傷官
傷 丙子 偏印

初八 丙午
十八 丁未
二八 戊申
三八 己酉
四八 庚戌
五八 辛亥

乙木生四月。傷官司令。然丙巳三火。重重來焚乙木。則危險萬狀。全由壬子兩水。制火有功。此之謂傷官佩印者也。再以辰土而培植之。夏土性亦燥。賴水以調和。否則木難疏燥土。所以水土兩物。皆八字中之重要用神。四柱既明用物且喜行運皆水金土鄉。普通之人。一生衣食則有餘矣。此種命運。若自操業則富。近政必貴也

官	庚辰	正財	初七癸未
印	壬午	食神	十七甲申
	乙亥	正印	二七乙酉
食	丁丑	偏財	三七丙戌
			四七丁亥
			五七戊子

乙木生五月。火勢正旺。花木雖在繁盛之時。然則丁午兩火並見。未免枝葉枯焦。而失其華秀。所喜者。辰丑兩土。栽培乙木。再得壬亥兩水正印。殺火勢和土而滋木。兼之庚

金官星。為水之源。此之謂官印相生。乃為純和之象。四柱皆財官印食其性又屬忠厚。一派正氣。乃君子之命也。一生安分守命。無任何利害可言。

比 乙亥 正印
印 癸未 偏財
　 乙亥 正印
印 癸未 偏財

初二 壬午
十二 辛巳
二二 庚辰
三二 己卯
四二 戊寅
五二 丁丑

乙木生六月。小暑之後。陽氣正重。四柱不見火。而無枯焦之患。五行得水土調和。以滋乙木。必成華麗之象。從中水土兩較。則水重而土輕。所以用神以土為主。且能生其官煞。尤喜行運。亦以金土為多。雖在夏月。金多亦忌。然則此造。八字中適少金。所以達金鄉。亦無害。惟火則不取矣。

比	甲戌	偏財	初四	壬申
官	辛未	正財	十四	癸酉
	甲申	七煞	二四	甲戌
傷	丁卯	羊刃	三四	乙亥
			四四	丙子
			五四	丁丑

甲木生六月。雖稱收令之時。其枝葉尚在茂盛之際。然而夏木成林。總少結實。丁火透出。雖能制煞。而增熱度。木防枯朽。未戌兩土。應作培木之要物。惜四柱不見水來調濟。以至火炎土燥。難作萬物之娘。雖壽越花甲。難享現成之福也。

● 秋木之用神

秋木雖為凋零時代。然於處暑之前。水尚未生。火有餘炎。煞星雖當令。不宜火制。蓋火雖制煞有功。而木亦防燥乾宜以水來化煞。再用土來培木。至於水土兩物。本犯冲尅。今以此兩物並用者。因初秋之木。非此兩物。不能生也。然則不忌冲尅者。乃從天理而推察也。處暑後近白露。天道轉涼。稍可用火。但不宜多。總之重於水土兩物耳。

仲秋之木。值肅殺氣候。枝葉根幹。將欲枯朽。此正凋零時代至矣。古書用以金剋。此論不然。既是凋零之木。豈堪鋭金削伐。雖有煞星重不忌煞之說。然而五行之性質。各有喜忌不同。八月之木。剋之無益。且不用他生水。所以忌見官煞。原書曾言。煞星重而行煞旺運。早赴幽冥之客。如五言獨步云。甲乙生居酉。莫逢巳酉丑。富貴坎離宮。貧窮申酉守。明明忌金而再犯水火者。制化之道也。然中秋之時。天道轉寒涼。至水雖能化金而生身。一方增涼。陰氣重重。

木亦不能興旺。凋零木要以增秀。宜以火來暖之。猶在花房之中。水汀開放。雖在寒冷之時。花草樹木。仍能欣欣向榮也。況火又能制金而生財。有顧及三方之效用。是以為最喜之物。至於水。八字中畧見一點。運上不宜再見。並不作用神。無論木性凋零至如何程度。土總不可缺。無盜氣之害。有栽培之功。亦不作財生煞論。古書曾言。八月官煞旺。甲逢秋氣深。財神兼有助。名利自然亨。庶幾可以明瞭真相矣。普通之論。不察五行性質變化。專以太過不及為依歸。所以有毫釐千里之謬也。

深秋霜降之時。木形更枯。枝葉凋零。而且陰氣加重。見水則憂。因近冬氣候。見水則愈寒。此時草木氣脉。漸入於根。以火暖土培。若土多見比劫亦不忌。惟金水兩物。徒增其寒不宜見也。

印 癸未 偏財
官 庚申 正官
　 乙酉 七煞
傷 丙子 偏印

初一 己未
十一 戊午
二一 丁巳
三一 丙辰
四一 乙卯
五一 甲寅

乙木生七月。初交立秋。暑氣尚重。柱中官煞重疊。尅制乙木太過。丙火傷官雖能制金。然則炎氣未退。丙火之勢尚在。乙木亦防枯渴。要以水來善化金神。又用土來培植。所以初秋之木。尤以水土調和為貴。柱中已見兩水。土尚不足。宜行土運補之。始為合理。違比劫成虛榮。

印 壬子 偏印
財 戊申 正官

初七 己酉
十七 庚戌
二七 辛亥

乙丑 偏財　　三七壬子
食 丁丑 偏財　　四七癸丑
　　五七甲寅

乙木生初秋。處暑未交。火氣仍濃。丁火食神獨見。尚是無妨。因食神亦貴重品。不宜傷他。亦不宜再見申金正氣官星獨見。為護身之本。不宜多得而損木。土見三位。似乎財旺身弱。不知秋木生於凋零。宜以土為培養。亦未必為害。水星有二。調濟氣候。生扶乙木。當取為用。至於土。行運逢之。雖無妨害。然則柱中土多於水。總以用水為主。運行庚金。正在學堂攻書。且以壬水透出而引化。有滋印之功。所以尚稱良好。戌運刑丑。椿庭見背。可為墓庫忌刑不忌冲之明證。水運與土既濟。當能較順也。

財	戊子	正印
官	辛酉	正官
	甲辰	偏財
食	丙寅	專祿

初三 壬戌
十三 癸亥
二三 甲子
三三 乙丑
四三 丙寅
五三 丁卯

甲木生八月。正凋零之時也。酉金正氣官星。本乃護身之物。只許一重。不宜再見。無取用之理。亦不宜傷他。無如干上再透辛金。重見官星。當以七煞論。戊辰兩土。虛生金神。實有培木之益。古書八月木要水火坎離宮為貴。依經驗所得。逢水則害多而益少。遇火則主榮華。秋生甲乙透丙丁。莫作傷看。乃為正法。

官	辛巳	食神
財	戊戌	偏財

初十 丁酉
二十 丙申
三十 乙未

甲辰 偏財
劫 乙亥 偏印

四十甲午
五十癸巳
六十壬辰

甲木生於深秋。節近立冬。肅殺未盡。陰氣又來。凋零之木。雖未盡落。焦黃不免。徒有官印。益增其寒。剝之無用。養亦不活。陰氣加重。有損於木。喜得巳火暖之。存其生氣。亥水欲來冲巳。全仗辰戌兩土阻隔。巳火不至有損。乙木本為劫財。幸柱中財星有三。逢比劫而無害。反有助身之功。總之以火為主。

印 壬子 偏印
官 庚戌 正財
乙亥 正印
傷 丙子 偏印

初四辛亥
十四壬子
二四癸丑
三四甲寅
四四乙卯
五四丙辰

乙木生九月。霜降之後。木性已衰。天道亦寒。水雖多無產木之功。而增陰寒之氣。非所宜也。庚雖合乙。實情而論。金總歸金。木仍是木。惟陰陽有情。少尅制之害耳。八字得戌土而制水以植木。木亦有功於日主。加以丙火透出。助土暖木。有兩用之妙。俗以為凋零之木宜水生。乃謬說也。依天理推察。近冬之木。水愈多則愈寒。木將更損其根矣。其性雖衰。土總不忌。蓋土無盜氣之害。有培植之功者也。再用而火暖之。則更佳矣。

●冬木之用神

冬令之木。應正枯朽之際。枝葉盡落。氣脉收藏於根。無發展之力矣。惟保留其原有之精華。待春發動也。欲保留其根。而不損傷。第一不宜水。蓋寒冬之時。水凝結為冰。非但無助於木。反足以損之也。要以土來壓之。自然根本堅固。按冬木。全靠土來護根。不作財旺身弱看。木性在根。金剋無用。若水多。見煞不為忌。惟不作用神論也。比劫雖多。豈能並秀。但取土來培植。再加火來暖之。使木之根源。得其溫和之氣。則寒性既除。庶無冰凍之患矣。故而火土為最得用之神。

印	壬午	傷官	初二	壬子
官	辛亥	偏印	十二	癸丑
	甲戌	偏財	二二	甲寅
食	丙寅	專祿	三二	乙卯
			四二	丙辰
			五二	丁巳

甲木生於亥月。名雖長生。實則毫無精神。壬亥兩水。不能保護甲木。反助陰氣。而甲木愈無精彩。辛金官星獨見。雖

無害於木。然亦無用之物。尤喜戊土培養。加以丙火暖之有功。冬令之木。本以火土兩物並用。加以地支寅午戌會火局。熱氣充足。不畏寒冷。故用神以土為主。行運再逢火鄉。雖無害亦無益矣。

官	辛丑	正財	初一	己亥
煞	庚子	正印	十一	甲戌
	甲子	正印	二一	丁酉
比	甲戌	偏財	三一	丙申
			四一	乙未
			五一	甲午

甲木生十一月。於寒冬之時。雖沐浴之地實則仍在枯朽之鄉。庚辛兩金相連。皆作煞論。加以水多。兩物皆無剋伐及滋養之功。全仗丑戌兩土。制水培木為有用。惟四柱不見明火。寒氣未除。猶防冰凍。雖有戌中丁火。力量有限。無

能為也。宜逢火土之方。始可稍得安全。

官	庚寅	劫財
財	戊子	偏印
	乙丑	偏財
食	丁亥	正印

初九	己丑
十九	庚寅
二九	辛卯
三九	壬辰
四九	癸巳
五九	甲午

乙木生十一月。枝葉盡落。精氣聚集於根。能得保護根源而不損傷。逢春仍能復其舊觀。不意地支亥子丑。會成北方一氣。天道嚴寒之際。一片汪洋。未免冰凍而損之。貴有戊土透出。塞水道而培乙木。雖有寅木劫財。然而地支之木。難劫天干之土。且有庚金正官以護財也。至於金神雖護財。一方亦須防生水之忌。是以運上不宜再見官煞。五行獨取丁火食神貼身。生財暖木為最愛之物。使根源得

温和之氣。而免冰凍之患。逢春自能萌芽矣。

印	癸巳	偏官
比	乙丑	偏財
	乙亥	正印
劫	甲申	正官

初九甲子　十九癸亥　二九壬戌　三九辛酉　四九庚申　五九己未

乙木生十二月。天道正寒。枝葉仍在枯槁之時。氣脉尚在根源。癸亥兩水。無生木之功。有增寒之患。申金官星無削伐之力。比劫雖多。有劫財之患。無資助之方。所以冬木雖衰。比印兩物皆忌多見。五行全仗丑土培木之根。再以巳火助財星而暖寒木。亥水欲來冲巳。妙有丑土隔離。本當火來生土。結果土去救火。乃連環用法。所以火土兩物。並取為用。

●春水之用神

春水性質。不易捉摸。學者須要細察。初春之水。尚有泛濫之勢。八字中再見金来生扶。則成崩堤潰岸之力。盖春日陽氣已動。水亦開凍矣。宜以土来制之。若遇金多。則徒使其奔馳不停也。稍見一點木。尚不忌。若四柱水木重重。則木浮而不積。所謂水漂木浮也。要以火旺去金焚木而生土為合宜。是以初春之水。亦喜火土兩物也。如四柱不見比印。純是火土木盜洩其氣則病輕。惟喜土暗中生印幫身。乃輕補之法也。

仲春之水。其氣漸衰。木為忌物。畧見比印則無妨。但不可多見耳。火亦不可多。而損印。又不可不見。少許見點為宜。但其八字。似旺不旺。似弱不弱之時者。其病亦輕。尤喜土來解決其病源也。
清明之後。陽氣加重。土性逐漸而加厚。則水亦漸漸而轉衰。無論汪洋之水。至此時亦聚而不流矣。若木火多。尤喜土來生金。如土亦多。且無比印。則喜印綬。或木火與金水勢力相並。獨喜土來和解。穀雨後水只一點形質。其性尤弱。宜以金來生扶。若金水旺。又喜土來制也。

食 甲午 正財
財 丙寅 食神
　 壬寅 食神
煞 戊申 偏印

初一丁卯
十一戊辰
二一己巳
三一庚午
四一辛未
五一壬申

壬水生正月。尚在旺相時代。申金印綬雖生旺水。煞四柱木星過重。洩損精華。且以戊土七煞有用之物。亦被尅制。

喜得財旺而生扶戊土。節近驚蟄。火過重水亦盜氣。是以獨取戊土為最有用之神。此造嫌其官煞運交太早耳。

傷 乙亥 專祿
己卯 傷官
壬申 偏印
財 丁未 正官

初二 戊寅
十二 丁丑
二二 丙子
三二 乙亥
四二 甲戌
五二 癸酉

壬水生二月。氣未全衰。天干乙木透出。地支亥卯未全。成為傷官之局。洩壬水之精華。幸坐支金星助之。稍得其力。以此而論。水木有對持之勢。妙在己土官星透出。制水而盜木之氣。作變方和解之神。丁乃官星之根。用物以己土為主。

印		煞	食
庚戌	壬午	戊辰	甲午
七煞	正財	七煞	正財

五八	四八	三八	二八	十八	初八
甲戌	癸酉	壬申	辛未	庚午	己巳

壬水生三月。清明之後。水性收束之時。無流動之勢矣。柱中三煞。制身太過。再以兩午火財神。助七煞而盜衰水之氣。此午火不作祿馬同鄉看。宜以五行喜忌為主。既身弱煞重之格。財乃助煞之物。應作病神論。甲木食神雖制煞。而洩氣亦無益於事。惟忌庚金善化七煞。一方又能生扶日主為合宜。俗以為梟神奪食。但喜忌而論。甲木既非用物。奪之亦無害也。此造行庚運尚早。至辛金運而得勢。惟進未運。官煞重逢。則失威矣。若柱中見有辛酉等字。則庚

金制甲木。亦作害物論也。

財	丙子	專祿	初三 癸巳
刼	壬辰	正官	十三 甲午
	癸亥	刼財	二三 乙未
傷	甲寅	傷官	三三 丙申
			四三 丁酉
			五三 戊戌

癸水生三月。穀雨之後。天道轉炎。雖多比刼助身。四柱木火重重。盜洩衰水之氣。且無印綬生扶。二相較量。木火重於癸水。宜以雜氣官星生印滋身為用神。

●夏水之用神

夏令之水。性質乾涸。熱氣炎炎。萬物皆燥。能見一滴之水。可澤千里之潤。夏水見比刼。本為貴重之物。能助我之力也。不過比刼之物雖助身。總屬刼財。所以虛空無實惠。若八字中。財星重遇。比劫運或可稍得餘糧。當此炎熱之際花木枯槁。非水之滋養不為功。況有制火之力也。土乃長養之物。亦宜見之。惟不欲多。多則損水。最喜印綬滋生。亦化煞生身之道也。見木雖能尅土。然洩我之氣。無益於用。總之官煞宜化不宜制。化則助身。是為王道。制則傷身。是為霸道。惟有印綬能顧及數方。可以定為用神矣。

食	甲午	正財
官	己巳	偏財
	壬申	偏印
財	丙午	正財

初二	庚午
十二	辛未
二二	壬申
三二	癸酉
四二	甲戌
五二	乙亥

壬水生四月。節近芒種。火土正旺。壬雖稱為江海之水。到盡頭之時。不但不能施威。反成乾涸。兼之四柱純火。壬水

無處藏其形。甲木有生火洩氣之害。亦非善良之輩。得巳合而從土。而止其助火之患。然身弱本忌財官。幸官星不多。所以從土亦不大忌。蓋弱格全仗印綬生扶。財星乃傷印綬用神。故大忌之。官煞雖制身之物。尚能護印。所以此造。忌財不忌官也。甲合就巳者。為夫家冷落。妻家興旺。不免從妻而過活也。此謂化旺不化弱之道也。總之木性亦不能完全燬滅。八字最有用之物。獨坐支申金。只要五行得用。何忌梟神。壬水得其依靠而有長滋之力。且以午火不傷申金。巳火合作。不傷其形。乃以之為用神。中年金水連環。極為順利。

煞 戊寅 食神
煞 戊午 正財

初八 己未
十八 庚申
二八 辛酉

壬戌 七煞
印 辛亥 專祿

三八 壬戌
四八 癸亥
五八 甲子

壬水生五月。財神旺極。水性正衰。年月兩煞透出。尅身己戌太過之勢。不意地支寅午戌會成火局而助煞。以害日主。其病甚重。五行全由時干支正印專祿生扶。稍能敵其財煞。總論則火土有餘。而金水不足。所謂財煞旺日主弱。運行身旺馳名者也。此造一帶皆是西北之地。臨用神之方。所以生平樂而無憂也。

財 丁丑 七煞
財 丁未 七煞
癸巳 正財
印 庚申 正印

初四 丙午
十四 乙巳
二四 甲辰
三四 癸卯
四四 壬寅
五四 辛丑

印 庚子 羊刃
劫 癸未 正官
壬寅 食神
印 辛亥 專祿

初四 甲申
十四 乙酉
二四 丙戌
三四 丁亥
四四 戊子
五四 己丑

癸水生六月。大暑未交。火星仍旺。以助七煞。然而弱水豈能敵其乘旺之火土。其病已明。巳火幸有申合去。雖不能化水。亦無壞印之害。四柱惟喜庚金正印。善能化丑未之煞。兼作日主之根。始有長潤之力。且以丁火不傷庚金。是以定正印為用神。此造與上首五月壬水。命同而運異。皆喜西非金水之方。然則前者運順。一帶皆逢金水。一生頗佳。今則逆運。一排皆在火土木運。致一生多勞。少得安全也。

壬水生六月。火土司令之時。壬水正衰之鄉。然則四柱純是比印。生扶有力。且以八字缺火。則印綬不受損傷。而生壬水。以弱轉强。夏水雖涸。亦防洪潮。言雖如此。其性質總不堅。惟喜官煞制水滋金。火則少見為妙。若多損印亦忌也。

●秋水之用神

秋水母旺子相。謂金星司令。水隨母而生也。稱為表裏光榮。再加以金。謂金白水清。子母皆和。成為體全之象。此等八字。若生於處暑前。四柱木火多見。而金土水少。尤宜土來生金。若處暑後。則金生水强。忌比印。宜財來生官煞。兼用一點木。若金水重。最喜者土。墨帶木火兩物為合格。仲秋之水。要以土制。或用木洩氣而生財。惟以土為主。明財不宜見。見則必破敗。何以身旺反忌財。而且忌財者。獨壬水。若八月癸水。則不忌財。此乃玄妙之理。應驗異常。後學者與人談命。若遇此類八字。勿以身強財淺論。寧使木來生火為要法。

深秋之水。最喜財神。稍見木土。以備制旺水。無生財之用。若木多。以土為主。金水多。則宜火土。土太多。則用木。不宜再見比印。察其不足之物。而定用神。方為正理。萬勿以普通學用神要得氣。乃大謬也。若以得氣為主定用神最易。譬如春旺木。就以木為用。夏令便可取火為用神。滴天髓中之從旺論無異。豈有是理哉。抑有幾許人。能合其行運也。書謂身旺無依。又作何解耶。故定用必以不足處推之。行運補之。始有驗矣。

傷　甲午　偏財
劫　壬申　正印
　　癸巳　正財
劫　壬戌　正官

初七 癸酉
十七 甲戌
二七 乙亥
三七 丙子
四七 丁丑
五七 戊寅

癸水生七月。處暑未交。餘炎未盡。且喜比印重逢。以助身榮。巳午丙火。財力亦不弱。加以甲木傷官透干。以助財星。身與財似有對待之勢。然細推金水稍重於木火。宜以戊土虛宮制水以存財。而定為用神。神峰云。歲日時中虛宮取用。十有九富。言雖如此。總須運來相湊。此造晚景榮昌之命也。

財　丁亥　劫財
煞　己酉　偏印

初六 戊申
十六 丁未
二六 丙午

	癸巳 正財	三六	乙巳
印	辛酉 偏印	四六	甲辰
財	丁卯 傷官	五六	癸卯
官	己酉 正印	初一	戊申
		十一	丁未
		二一	丙午

癸水生八月。印綬司令。日主隨酉金而並旺。兼之時上辛酉兩金生扶。其勢更猛。身旺本喜財神。坐支巳火。可為用物。惜被亥水冲去。亥再助癸為害。此造全由巳土七煞。制刼財。而存丁火財星。且喜丁火又作衰煞之根。謂身強煞淺。生煞為貴者也。既曰財煞依護。惟八月丁火力量有限。尤喜木來生之。今四柱不見傷食等物。宜以運上補其不足耳。

印	
壬辰	七煞
庚戌	七煞

三一乙巳
四一甲辰
五一癸卯

壬水生八月。正印司令。水隨母生。加兩印生扶。亦有泛濫之象。柱中三煞。加以丁火助之。與壬水為敵。此造身雖旺。無用財之必要。且以八月壬水。本當忌火。七煞太多亦不貴。惟有卯木傷官。稍去七煞。暗中生財。壬水亦賴之洩氣所以取木為用神。酉金本傷卯木。幸有辰合。以存卯木用神。此造於四旬後。始得運順。

官	己亥	專祿
劫	癸酉	正印
	壬寅	食神
印	庚戌	七煞

初八壬申
十八辛未
二八庚午
三八己巳
四八戊辰
五八丁卯

壬水生八月。身勢應旺。兼之祿印疊疊生扶。勢力更為雄厚。得兩土制之相宜。只要身健。何患官煞混雜。且喜四柱不見財星。蓋八月壬水大忌者財也。五行惟取寅木食神制煞生財。身旺尤喜洩氣。有三方之用。是以寅木為用神。此即不必他物生用神。亦不宜用神生他物之例也。此造行金火運必失敗。達中央轉和平。逢木則所喜也。然而八字中無火。偶走火地。其害較輕。

財	丙午	正財
煞	戊戌	七煞
	壬辰	七煞
煞	戊申	偏印

初八	己亥
十八	庚子
二八	辛丑
三八	壬寅
四八	癸卯
五八	甲辰

壬水生九月。水本有氣。加以申金生壬水。其力更壯。然而

柱中四煞環繞。與壬水為敵。此謂身煞對敵者也。宜以木來制之為合理。八字不見明木。全由辰中乙木。稍能服煞。且喜作丙午財星之根。是取傷官為用神。此造欲要發展非進寅木運。難達目的。

冬水之用神

冬季水神司令。若再加以比劫印綬。明雖助其旺相。實則水結冰凍。使其不能流動。要以火來除其寒。而使其流通。土雖能制其旺水。不宜多見而藏水形。亦受危也。所以土多亦忌。至於冬水最喜財神。木有制土。生財洩氣之功。並用之。若柱中木多。喜見一點土。以火土為主。如八字中純是木火。喜帶一點土。而無比印。尤以土來暗中滋印生身。為合宜。何以春水見木多為水漂木浮。論冬令水正旺。反喜木也。蓋春水旺而浮。木隨之以漂。冬水雖當令。性質寒而凍。豈有漂木之力哉。其木反有生火之功也。

印	辛丑	正官	初四 戊戌
官	己亥	建祿	十四 丁酉
	壬寅	食神	二四 丙申
劫	癸卯	傷官	三四 乙未
			四四 甲午
			五四 癸巳

壬水生十月。月臨建祿。名曰日通月氣。以資身榮。兼之金水並透。其體愈剛。幸小雪未交。天未大冷。不致冰凝。仍有流動之勢。冬水本忌土多。此造則己丑兩土。有寅卯兩木制之得宜。所以行土運不大忌矣。五行所喜者。寅中一點丙火為養命之源。乃命中之臺柱。而定為用神。所以達丙火運極順利。進申運。傷寅中丙火。用神受損。不免一敗塗

地矣。

財	丁亥	專祿
印	辛亥	建祿
	壬午	祿馬
印	辛丑	正官

初二	庚戌
十二	己酉
二二	戊申
三二	丁未
四二	丙午
五二	乙巳

壬水生十月。初交立冬。水性正在發旺之時。而亥水乘勢而助日主。天干又逢兩辛金透出。凜凜生氣威儀百倍。丑土虛官。乃塞水之要物。多見亦忌。水雖旺盛。土多亦受其危。五行得丁午兩火財星為虛官之根。且冬水最喜財神。惜乎八字不見木。不能發出壬水之精氣。財星之根亦不固。雖行財運。其利亦輕矣。柱中皆是財官印祿。一派正氣。乃善良性質。所以雖達財鄉。亦難望其大發也。

印　庚寅　傷官
官　戊子　建祿
　　癸酉　偏印
財　丙辰　正官

初六　己丑
十六　庚寅
二六　辛卯
三六　壬辰
四六　癸巳
五六　甲午

癸水生十一月。其性最旺。加以金水重逢。尤防水結冰凝。辰被酉合而軟化。惟有戊土合日主。為護身之本。庚金直透。生水過重為嫌。妙有丙火制去。一生衣食無慮。皆由丙火而來。誠養命之要物也。年下寅木作丙火之根。不過土不重。木亦不過多。總之最喜者財星也。愈多愈妙。

劫　癸巳　偏財
傷　乙丑　正官

初五　甲子
十五　癸亥
二五　壬戌

壬戌 七煞
印 辛亥 專祿

三五 辛酉
四五 庚申
五五 己未

壬水生十二月。節臨大寒。水性尚不弱。兼之比劫印綬疊見。助身更旺。似乎有奔馳之勢。豈知寒冷之時。尚在冰凝之際。難能流通。冬水本患土多。水亦不免受危丑戌兩土。足以塞水。然則欲使水流通與土調和。全賴巳火助其溫暖。解其冰凍。雖有時支亥水來冲巳火。且喜中隔丑戌兩土。不致有損。加之乙木傷官透干。而生巳火。為財星之發源。是以定傷官生財為用神。經云。傷官身旺若逢財。身到鳳凰臺。此人八字雖不壞。惟運途不合。金水運居多惜哉

●春火之用神

春月木神司令。土旺火相。若再木火重重。未免太過。恐傷

物而損身。初春之時。火尚未旺。見比刼能助其光輝。光輝者虛榮也。若木火多見欲喜既濟。土亦不能省。若水土過多木火少。又喜火來助形。金只可一點。不宜多見。蓋初春之火。其力綿薄。金多則損其印故也。

二月之火。其焰稍高。火忌木多。稍見比刼尚可。然亦屬無用。金土須要並見。最喜水來濟火。

清明之後。陽氣漸盛。見木火而燥焰。不可取用。所以春末不得再見比印。要以金來則爍明能施其功。此類八字。若比印重逢。要以金來盜氣。以滅火勢。而助官。第一喜水。若柱中比刼印綬少見。或竟缺如。加以土數重重。則火洩氣過深轉爲衰。惟病則輕。雖不能用重藥補救。亦不宜傷其根源。所以忌財星而喜官煞。暗中滋印綬而濟火。則子母皆喜矣。至於土亦不能缺。然多則毀光不取矣。

財	辛卯	正印	初五	己丑
財	庚寅	偏印	十五	戊子
	丙子	正官	二五	丁亥
印	乙未	傷官	三五	丙戌
			四五	乙酉
			五五	甲申

丙火生正月。雨水之時。稍具生氣。兼之三木生扶。成為虛熖之勢。庚辛兩金透出。壓制寅卯。則火勢亦減。八字惟取坐支子水。暗中滋印生身。乃謂有用之物。關於未土。雖不能取用神。然則土乃長養之物。不能省却。八字畧成純粹。一生行運。惟金與木稍次。水土火較順。總之無何大成敗。

煞	癸未	食神	初七	丙辰
印	乙卯	偏印	十七	丁巳
	右		二七	戊午

丁巳 劫財　　造　　三七己未

印 乙巳 劫財　　四七庚申

五七辛酉

丁火生二月。陽氣漸進。加以丙巳火相助。乙卯等三木生扶。其勢更重。癸水七煞為夫星。雖透天干。然四柱無財。使夫星之氣不足。惟梟神七煞並透。乃精明之女。頗有機謀。雖鄉閭平民之婦。其才亦能壓眾。既夫星不旺。又無財生。自然女操男權。主理家政。且以前皆在火土之鄉。制過夫星。心神操勞。難得高枕。直至四十七歲。交財運。助起癸水。始得否去泰來也。

傷 己巳 專祿　　初四丙寅

劫 丁卯 正印　　十四乙卯

二四甲子

癸亥 三四
壬戌 四四
辛酉 五四

丙午 羊刃
煞 壬辰 食神

丙火生二月。已得生氣。柱中木火重重。以資其勢。成為光輝耀目之象。得已辰兩土。洩其火氣。多則亦不貴。喜壬水七煞高透。為最有用之神。俗以丁壬合而為木。依事實而論。丁終歸火。壬仍是水。豈可作木論也。惟八字不見財星。使煞星不見根。而成欠缺。所以宜行西北方運。補其不足。此之謂涼藥通劑之法也。

食 戊子 正官
比 丙辰 食神
丙辰 食神
傷 己丑 傷官

初七 丁巳
十七 戊午
二七 己未
三七 庚申
四七 辛酉
五七 壬戌

丙火生三月。節近穀雨。陽氣本重。火力將欲充足之時。雖有月干丙火以增其力。惜乎四柱土數重重。洩氣已盡。五行又缺木來生扶。雖將旺而轉衰。三月丙火。本喜金水。然而身勢既轉衰弱。不過輕病。宜以子水官星。暗中生印。而滋身為用。輕補之法。所忌者。財來壞印也。

傷	己丑	傷官
食	戊辰	食神
	丙寅	偏印
印	甲午	羊刃

初五	丁卯
十五	丙寅
二五	乙丑
三五	甲子
四五	癸亥
五五	壬戌

丙火生三月。穀雨之時。火有進氣。加以午火羊刃臨時。以助其光。再得甲寅兩木生扶。進氣之火。其力更强。惟年月干支四土。洩丙火之氣。論土本不可少。然太多亦憎。既八

字無金。偶逢金運亦無害。最喜水來濟之。而符中和之道。是故出道以來。一帶木運。不免損財。自交子運。本可轉佳。惟其冲及。則營業雖無碍。亦難免是非。待交癸運。方為全佳。最喜者七煞也。

夏火之用神

火居夏令。乃得時行權之時。木火多則太旺。物極必反。愈光輝則易滅。如土多則藏壓。更阻其光。宜以水來既濟。然夏水力量有限。為之身強煞淺。要以金來助之。以敵旺火。並能助其制火之頑木。成為良工巧匠。如無金而加木。則火更熾反速夭亡。如得金而缺水。亦難成造物之功。夏令萬物齊備。土乃長養之物。不可缺。過多亦忌。若季夏之火。四柱全土。尤忌財星。總之夏火最喜者。水來調濟也。

劫	丙戌	傷官
煞	癸巳	劫財
	丁卯	偏印
財	辛丑	食神

初九	甲午
十九	乙未
二九	丙申
三九	丁酉
四九	戊戌
五九	己亥

丁火生四月。身在祿旺之鄉。勢力雄厚。兼之劫財印綬疊見。更助其強。凛凛生氣。儀表不凡。癸水七煞透出。為柱中之要物。此七煞為我之傭人也。然則傭人乏之力。宜以補助之。所以辛金財神。助七煞而並用之。完全成為良工巧匠。且傷煞梟並臨。必有能為之命也。然而木火有餘。金水不足。雖有土來助金。亦須運土再達西北。始能頭角崢嶸。所以進申運而得勢。達丁運傷辛金用神。而失職。交酉運再登臺。

比	丁	未	食神
劫	丙	午	建祿
	丁	亥	正官
劫	丙	午	歸祿

初一乙巳　十一甲辰　二一癸卯　三一壬寅　四一辛丑　五一庚子

丁火生五月。交進芒種。火勢正狂。兼之干支純是比劫資助。其勢更為猛烈。未土本可洩火氣。又被午合。助其凶頑之大。幸不見木。稍減其力。雖有坐支亥水。然夏令涸弱之際。難敵得時之眾火。所謂杯水車薪。四柱又無財來扶其官星。此乃散財之命。運逢西北。稍得安逸耳。若再行火地。不堪設想也。是以行癸水運。頗為如意。逢卯運而散財。若依滴天髓之法。強眾弱寡而去寡之論。應行東南方為發福矣。則事實適相違矣。

印	甲午	羊刃
財	辛未	傷官
	丙子	正官
財	庚寅	偏印

初二壬申　十二癸酉　二二甲戌　三二乙亥　四二丙子　五二丁丑

丙火生六月。節近立秋。火勢尚在。兼之羊刃印綬重逢。仍有光輝之象。子水官星雖未得勢。庚辛兩金財神。已經得氣。而生官星。以此推之。稍成對待之象。八字頗稱不惡。行金水運適合中和。惜乎太早耳。

財	庚寅	正印
煞	癸未	食神
	丁酉	偏財
財	庚戌	傷官

初八甲申　十八乙酉　二八丙戌　三八丁亥　四八戊子　五八己丑

丁火生六月。大暑未交。尚在旺相之時。加以寅木生扶。更增其勢。雖四柱金土環繞。盜洩其精華。夫旺相之火。雖盜洩氣多。不能作弱格論。不過其病較輕。尤喜癸水七煞透出。而獨用之。以滋印生身為輕補之法。夏月之火。用水不用金者。亦不多見之命也。此類八字。行水運稍有起色。其他皆平常而已。

●秋火之用神

夏火既曰旺極。交秋自當逐漸而衰。為性息體休。乃收束之時矣。初秋火氣尚未全衰。宜水以濟之。且暗中生木。以助之也。忌金來犯。恐損印綬。蓋初秋火性雖未全衰。印綬則不宜損傷。是以忌財。

仲秋天道轉涼。水已進氣。是以不宜多見。要火來助其光。

木以生之。土宜見而不宜多。多則少光。若柱中木火多見而金水少者。尤喜官煞來生印綬也。財星傷印之物。不見為妙。

深秋之火。陰氣漸重。火性聚集。難透其光。木土兩物。少見不妨。惟不宜多。最忌者。財星以火來助形。用木來生扶。自然光輝照燭矣。

食	己卯	偏印
官	壬申	正財
	丁丑	食神
印	甲辰	傷官

初五	辛未
十五	庚午
二五	己巳
三五	戊辰
四五	丁卯
五五	丙寅

丁火生七月。處暑未交。金星雖旺。火之餘炎尚在。加以甲卯兩木生扶。勢尚不弱。然則一方三土助申金之財。大有

身財對恃之勢。喜月干壬水透出。洩申氣而滋印。所謂水輕無尅欲濟者也。是以定壬水為用神。惜乎行運達不到水鄉。何能顯達也。

官	癸卯	正印
財	庚申	偏財
	丙戌	食神
官	癸巳	專祿

初六	己未
十六	戊午
二六	丁巳
三六	丙辰
四六	乙卯
五六	甲寅

丙火生七月。處暑已過。水已產生。然而兩癸水透出。尚不大忌。蓋水雖制身之物。猶能生印。是以其害較輕。不過柱中既有兩水。再逢水運亦非宜。坐支戌土。雖非用神。然萬物無土不生。畧見一點。亦有益於命宮。獨有庚申兩金當旺。盜盡火氣。又去損印。是以隱隱作病。五行惟喜卯木正

印。生丙火而敵財星。無如不足。宜行印綬之地。謂之溫藥補身之法。

傷	戊戌	傷官	初二壬戌
財	辛酉	偏財	十二癸亥
	丁酉	偏財	二二甲子
財	辛亥	正官	三二乙丑
			四二丙寅
			五二丁卯

丁火生八月。節近寒露。肅殺之氣已重。丁火不能乘其旺財。兼之辛酉四金疊見。戊戌兩土洩丁火之氣。而助無用之財。火被滅熄殆盡矣。亥水制火。其害則輕。喜其能滋印也。五行惟取亥中甲木。助丁火為用。然一點藏木力量有限。宜達木火之地。補其中和。始為合理。

財 辛丑 傷官
食 戊戌 食神
丙戌 食神
食 戊戌 食神

初九 丁酉
十九 丙申
二九 乙未
三九 甲午
四九 癸巳
五九 壬辰

丙火生九月。節近立冬。火星收束而無光。辛金透出。爲柱中之忌物。兼之滿盤純是傷食。洩盡丙火精英。四柱不見水而無害。蓋水雖犯火。而能滋印故也。惟五行獨不見木。非但更不能發其火光。而且永遠被土埋沒。幸一生木火運居多。乃得溫飽也。如滴天髓所謂。一出門來。只見兒之法論之。一生達倒霉運矣。

● 冬火之用神

冬季之火。鬼旺之時。水星當權。火力正衰。八字中水星過重。完全滅其火光。官煞重犯。亦宜土制。若土多。雖制煞太過。亦無妨。惟洩火氣則不取。宜以比劫來助其光。最要之物。須用木來生扶。若八字木火多而水少。偶走水運不大忌。惟弱極之火。不宜見金。而損印綬也。

印	甲寅	正印
印	乙亥	正官
	丁卯	偏印
劫	丙午	專祿

初九	丙子
一九	丁丑
二九	戊寅
三九	己卯
四九	庚辰
五九	辛巳

丁火生十月。水星進氣。火性失令。類似竹燈。弱格無疑。凡弱火大忌財。今此造四柱。全無一點財星。且不見土。惟有亥水欲來犯火。而得寅合。雖不得化木。亦不致犯火。滿盤

推之純是木火。若以旺論。究為失令之火。苟為弱論。則比印重重而助身。亦不可當以全衰。既在不旺不弱之際。無何病藥可取。東南西北。任可遊行。惟到絕地。稍見災害耳。

比	丙子	正官
傷	己亥	七煞
	丙戌	食神
煞	壬辰	食神

初八	庚子
十八	辛丑
二八	壬寅
三八	癸卯
四八	甲辰
五八	乙巳

丙火生十月。七煞司令。火性受危。亥子官煞相連。皆作煞論。三煞排立。四柱雖有三土制之得宜。不過土多。衰火亦被洩氣。幸不見金。稍減其勢。所喜者。年上丙火透於天干。而助日主之光。再得亥中甲木。作衰火之根。是以取木火

為用神。現在正印運。頗為順利。

煞	壬寅	偏印
煞	壬子	正官
	丙戌	食神
財	庚寅	偏印

初三	癸丑
十三	甲寅
二三	乙卯
三三	丙辰
四三	丁巳
五三	戊午

丙火生十一月。正衰弱之時。兼之壬子三煞排門。按八字月為門戶者也。煞星既重。身不能敵。加以庚金透天。助長七煞。是以隱隱作病。幸天干庚金不傷地支寅木。乃大幸也。坐支戊土。塞水有功。惟單方面用不作用神。五行惟喜年時支。兩寅木印綬。善化七煞。兼生日主。有兩方之用。且喜不損。定為用神。無如寒有餘。熱不足。再走東南之地補之。始為吉兆。妙在行運一帶。皆是木火之地。此之可稱為

長生運也。

劫	丁未	傷官
官	癸丑	傷官
	丙戌	食神
財	庚寅	偏印

初八	壬子
十八	辛亥
二八	庚戌
三八	己酉
四八	戊申
五八	丁未

丙火生十二月。寒冬之時。火力綿薄。正弱之體。加以庚金財星盜氣而增寒。丁火欲來助日主。又被癸水隔制。再則地支三土。洩火精華。其力更乏。五行所喜者。獨取寅木生扶日主。為一物兩用之妙。而定為用神。然行運適與命相背。惜哉

●春土之用神

春日木星司令。官煞當權。土星薄弱。且寒氣未退。遇水則

漂沒而增寒。反助官煞以尅身。金亦不宜多見。蓋金雖去木之物。勢必增寒。而助水。寒薄之土。亦不宜洩其氣也。要以比刧分奪財神。而斬官煞之根。最佳者。惟取火來化煞扶身。使土性得溫厚之氣。能作萬物之母也

仲春之土。春分前寒氣未除。與正月相同。亦稍見火。並用比刧。春分後陽氣漸進。陰氣漸退。土性轉厚。稍見金水不忌。惟不能多。因官煞正重。防盜洩其氣。兼助煞之害。仍以火土為主。若火土過多。逢金水亦無妨。木終不宜再見

清明之後。火土轉旺。金水木漸弱。金水兩物。並見不忌。惟木不可多見。若遇火土與金水並立。四柱不見木。乃獨取辰中乙木。洩水氣制旺土為用。作變方和解之神。若遇火土重。略見金木而缺水。則取辰中癸水。調和土而去其火

為主。如遇木旺。火土金水皆少。用以制化為主。轂甫之後。陽氣已重。火土得勢矣。木不宜多。只喜一重。用金水洩土助木。如金水木三物疊見。仍以比印生扶。蓋立夏前之土。雖未當權。亦稍有勢力。其病必不重。察其不足之處而定用神。配其中和是也。

財	壬寅	正官
財	壬寅	正官
	己卯	七煞
食	辛未	比肩

初三	癸卯
十三	甲辰
二三	乙巳
三三	丙午
四三	丁未
五三	戊申

己土生正月。餘寒未盡。且以官煞司令。己土正衰。官與煞連。皆作煞論。三煞來尅弱土。豈能對敵。加以兩壬水透出。漂沒薄土。又生惡煞。是以水木兩物皆作病神論。雖有辛

金制木。一方則又生水增寒。兼洩己土之氣。亦不能取用。時下未土。稍可資身。然有合卯之意。雖不致完全化木。總減其固有之力。火乃八字中之正式用神。而四柱獨缺。何能顯揚於世。所喜行運皆在火土之地。稍可補其不足。此造在癸酉年天尅地冲。甲戌年又值干支會合。即是晦氣流年。難免災禍也。

煞 乙未 比肩
比 己卯 七煞
　 己卯 七煞
官 甲戌 劫財

初九 戊寅
十九 丁丑
二九 丙子
三九 乙亥
四九 甲戌
五九 癸酉

己土生二月。節近清明。天道轉暖。陽和之氣漸生。己土不畏寒而懼尅矣。甲木合之有情。不傷己土。然則更有乙卯三木。煞星重重。來犯日主。陽和既有氣。不用火化煞。尤忌水來生煞。所以四柱不見水火兩物。則無妨害。惟喜金來制煞。所嫌五行不見金。受虧多矣。比劫雖多。而能助我。然無用具。豈能敵强煞也。四柱既不見火。行火鄉亦稍可化煞。尚稱無妨。總嫌運中不達金鄉也。此造癸酉甲戌亦逢尅冲。及晦氣流年災禍。豈能免哉。

印 丁未 比肩
官 甲辰 劫財
　 己丑 比肩
食 辛未 比肩

初一 癸卯
十一 壬寅
二一 辛丑
三一 庚子
四一 己亥
五一 戊戌

己土生三月。火有進氣。四柱不見明水。比劫重重。而性則燥。甲木豈能疏通。丑辰之中。雖藏癸水。究難潤澤曠野之土。妙有辛金透出。土厚不忌洩氣而能已土精英發出外來。又能作水之源。總推金水不敵火土。宜走西北金水之鄉。補其不足之氣。名曰涼藥通劑之法。

印	丙子	正財	初九癸巳
財	壬辰	比肩	十九甲午
	戊申	食神	二九乙未
財	壬戌	比肩	三九丙申
			四九丁酉
			五九戊戌

戊土生三月。清明之後。木性尚在。土力本不足。惟其陽氣已生。火方進神。加以辰戌土助之。丙火又來生扶。是為轉旺。然木性方在茂盛時代。火土雖多。類成土阜而已。豈有實力哉。至於清明後之水。聚而成堆。無流通之勢。故天干兩壬水透。地支申子辰又會水局。究屬失令。難作汪洋之

論也。更不得作雨露之水觀。類似一塘之水性質。雖未乾涸。難達江河。此種八字。水土皆在兩停之時。定用神最不易。若依普通之法定用。當以食神生財。或以印生身。皆謬論。宜以變通之法推算。既水土兩停。應用辰中乙木。洩水氣而制土。作雙方和解之神。所以達官煞而榮華。遇傷官鄉以見災。若用金生水。則土阜亦防崩潰。或以火來生土。死水亦防涸。所以定用貴在變通也

●夏土之用神

夏日土性正厚。加以火來生扶。雖曰火生土強。實則火炎土焦。木難疏燥焦之土。非水潤之不為功。曠野焦土。無水何能產物。金乃生水之器具。為財星之根。欲求土之有用。豈能無金。古書曾言。夏榮戊己露庚辛。即此意也。若滿盤

純是金水木等。而少比印。土雖旺。亦防崩坍。若逢此種八字。亦在輕病之例。逢火土亦無所為害也。

比	己未	比肩	右
比	己巳	正印	
	己未	比肩	
比	己巳	正印	

初十庚午　二十辛未　三十壬申　四十癸酉　五十甲戌　六十乙亥

右造己土生四月。乃身勢旺鄉。凡女命以安靜純和為貴。夫子兩星。作一生依靠之神。今此造夫星入墓。且無子星。失一生之依靠。加以四柱純是比印。身勢過旺。壽星亦損壞。按女命食神為子。又為壽星。既命中無夫無子而少壽加以運臨午火。會巳午未梟神之局。制過壽星。豈不命歸泉路。凡女命最害梟神。傷官次之。

傷　庚寅　正官
財　壬午　偏印
　　己巳　正印
食　辛未　比肩

初七　癸未
十七　甲申
二七　乙酉
三七　丙戌
四七　丁亥
五七　戊子

己土生五月。正旺之時。地支巳午未全南方一氣。寅木官星欲制旺土。又被午合成爲火形。以此推之。一排純火焚土必矣。妙在害物均藏地支。得庚辛壬金水蓋頭。壓其熱度。而滋潤燥焦之土爲合理。惟行運複雜。常見得失。難達美滿目的。

印　丁亥　偏財
印　丙午　正印

初二　乙巳
十二　甲辰
二二　癸卯

戊申　食神

煞　甲寅　七煞

三二　壬寅

四二　辛丑

五二　庚子

戊土生五月。土星旺極之時。雖柱中無比刼。然有丙丁午三火生扶。豈知火愈炎而土愈焦矣。甲寅兩煞。並作厭飛五行惟喜亥水財神。制火和土。再得坐支申金。為水之源頭。且洩戊土之英華。為八字中最要之神。惟木火有餘。金水嫌其不足。所以達西北運而飛騰。中年以來。運似竹節。待至庚子運。始有十年之佳境耳。

印　丁丑　刼財

印　丁未　刼財

戊戌　比肩

刼　己未　刼財

初六　丙午

十六　乙巳

二六　甲辰

三六　癸卯

四六　壬寅

五六　辛丑

戊土生六月。四柱純是火土。苟生丑戌之季。寒土堪成稼穡格論。今則生於未季。只作火炎土焦。難成稼穡之格。此種八字。一生勞碌奔波。豈有安寧之日。無論木火土鄉。皆在困苦之中。偶走西北之地。稍得安逸而已。

●秋土之用神

秋日金星乘旺。土性轉衰。但在初秋炎氣未盡。火土尚有餘威。因四柱中比印重逢。仍以水來潤澤為要。稍有木無害。因申金司令。運上不宜再見金神。尤喜水來調和。節近白露。天道漸涼。水已產生。若火土多。稍見水亦不忌。金木兩物乃尅制洩氣之神。並忌之。尤以金為最忌。如金水木三物。並臨且重。又喜火來制金焚木。而生身。再用比劫以塞水道。總之本書用意。依據天理。除暴安良為宗旨。與他書從旺及存强去寡等法則相背。學者。須要仔細推詳。仲秋之月。熱度已降。肅殺轉高。土性漸弱。八字中。如遇火土多。而無水木。遇水木運亦無大害。惟不能取用。金則忌見。或柱中金水木齊備。仍以火來帮身。為用物也

深秋近冬。天道轉寒。土亦隨之以薄弱。火土兩物。亦須從天時之變化而加厚以暖之也。若柱中火土多。偶行金水木鄉不大忌。若火土少。而金水木三物並臨。尤喜火土來扶身助其形。以敵之也

煞 甲戌 比肩
財 壬申 食神
　 戊戌 比肩
財 癸丑 劫財

初十 癸酉
二十 甲戌
三十 乙亥
四十 丙子
五十 丁丑
六十 戊寅

戊土生七月。初交立秋。金神雖重。暑氣尚盛。土性仍然防燥。四柱不見火則不忌。土數重重。全仗干透壬水。以調和之。始能產生萬物。甲木七煞透於天干。庚金重。不用以制煞。蓋秋令金星過重。亦忌以水為主。滋潤戊土。則萬物生

財	壬辰	劫財	初一己酉
劫	戊申	傷官	十一庚戌
	己亥	正財	二一辛亥
傷	庚午	專祿	三一壬子
			四一癸丑
			五一甲寅

己土生七月。節近白露。秋涼之時。暑氣退而水生矣。壬亥兩水。足可滋土。不宜再見庚申兩金助水為忌。蓋重金洩土之氣也。戊土能去壬水。然辰土不能去亥水。反與申合而成水形。金水之病明矣。今獨取午火助身。此造既見病。

若走火地。亦堪為富翁。無奈一帶行運。皆在金水病地。一生難許顯揚也。

財	癸酉	傷官
	辛酉	傷官
	戊辰	比肩
印	丁巳	偏印

初二 庚申
十二 己未
二二 戊午
三二 丁巳
四二 丙辰
五二 乙卯

戊土生八月。金神旺極。土星轉弱。重重辛酉。洩氣太過。其力更乏。全恃比劫印綬生扶日主。以敵傷官。五行最佳者。惟取丁火正印。制傷官為護身之至寶。是以定為用神。雖有癸水遙冲。妙有戊合之。使用神不損。乃為美。推五行缺木則不忌。蓋木乃單方作用。不見為妙。偶行木運。亦無害。此造中年一帶皆行火土助身之運。頗許佳境。老年交進木運則轉和平。

財	壬寅	正官
傷	庚戌	劫財
	己卯	七煞
印	丙寅	正官

初五	辛亥
十五	壬子
二五	癸丑
三五	甲寅
四五	乙卯
五五	丙辰

己土生九月。節近霜降。秋涼之時。土性衰弱而忌寒冷。壬水透出。增寒為患。且地支三木七煞。尅制弱土。雖有戌土資身。亦難敵其財煞。庚金有洩氣之害。無去木之力。蓋干支相隔者也。八字所重要者。惟有時上丙火正印。去傷官化七煞暖寒土。有三方之妙用。今被壬水遙冲。雖無實禍。亦減其固有之力。一生行運。與命相違。待入丙運。始可如意。上年亦在晦氣之中。

●冬土之用神

冬土氣質既寒。金水木之三物。皆尅制盜洩精氣爲忌神。如八字中無此物。運上偶逢之。則不大忌。因原八字純是火土者也。雖在休囚之鄉。其質亦固。所以偶逢忌地亦無妨害也。或原八字中已見忌神。則運上不得再見矣。若只有一點木。則有生印之功。惟不作用神。最喜火以暖之。能使產生萬物。不爲荒蕪之土也。若原八字無火。則寒氣未除。雖有比刦助身。亦無能爲也。

印 丙戌 比肩
刦 己亥 偏財
　 戊寅 七煞
比 戊午 正印

初八 庚子
十八 辛丑
二八 壬寅
三八 癸卯
四八 甲辰
五八 乙巳

戊土生十月。本乃寒薄之體。然則八字中。只一點亥水。且不見金。加以土數重重。足以敵其財神。坐支寅木獨煞。合午戌而化印局。再以丙火透出暖身。此中理解。雖寒而不寒。似薄而不薄。成為中和之道。若遇制身洩氣盜氣之物。亦不大忌矣。不過中和之命。性情和平。難能致富希望。亦少任何危險發生。一世平常過去耳。

財	壬申	傷官
食	辛亥	正財
	己卯	七煞
官	甲戌	刼財

初三	十三	二三	三三	四三	五六	六三
壬子	癸丑	甲寅	乙卯	丙辰	丁巳	戊午

己土生十月。節近大雪。天道正寒。兼之金水木三物。排列於四柱。則身勢更為寒弱。甲己有情。不犯尅制之害。雖有

戊土資助。惟不見火。寒氣未除。難作萬物之母。總歸寒儒不出塵。行丙火運。臨用神之方。始得轉機。普通以爲丙辛化水論。則此步變爲敗運矣。所行土運。亦助身之地。惟癸酉甲戊丙年。逢尅冲及晦氣之年。以致災疾不休也。

財	癸亥	偏財
煞	甲子	正財
	戊申	食神
財	壬子	正財

初三	十三	二三	三三	四三	五三	六三	七三
癸亥	壬戌	辛酉	庚申	己未	戊午	丁巳	丙辰

戊土生十一月。水星司令。陰氣正重。寒氣襲人。冬土畏寒而喜暖。再加水星累累。未免有漂蕩之患。豈堪再加申金助惡木爲害不淺。甲木七煞。雖生火之物。薄土亦忌洩氣尅制等患。宜以火來化煞。制金暖土。奈何八字失此貴重

之神。少年再行西北方運。受盡風霜之苦。自進巳土運以後。始得溫飽。行火鄉而成小康。現在雖古稀之外。仍在火運之中。頗稱順利。

印	丙戌	劫財	初七辛丑
傷	庚子	偏財	十七壬寅
	己酉	食神	二七癸卯
印	丁卯	七煞	三七甲辰
			四七乙巳
			五七丙午

己土生十一月。寒薄之體。兼之庚辛兩金。助水為害甚重。卯木七煞雖制身。其害較輕。然卯木不用食制。宜以火來引化。戊土劫財亦助身之物。五行惟有丙丁兩火。去庚金之病。此之謂傷官佩印者也。少時皆在休囚之地蹭蹬。待印綬之方。則老運亨通矣。

劫 戊子 偏財
煞 乙丑 比肩
己亥 正財
印 丙寅 正官

初四 丙寅
十四 丁卯
二四 戊辰
三四 己巳
四四 庚午
五四 辛未

己土生十二月。身勢正弱。不可作四季旺土看。柱中水木重重。制身之賊環繞。使己土不能生存。丑土又被亥子合去。以吉化凶。五行喜得戊土透天。而助日主。而敵水。八字獨取丙火正印貼身。化煞而生暖日主。得雙方之妙用。且喜不損。而定為用神。惟命中水木有餘。火土尚輕。宜行南方及中央之地補之為美。所以此造。中年運頗為得意。達庚運稍為失利。待進午火運。始復舊觀。

●崖泉男命賦

凡觀男命。先觀日主之盛衰。次察財官之強弱。日主旺。財官得地。一生福祿優游。日干衰。財官敗絕。一世貧窮到老。日主旺而財官衰。遇財官發福。財官旺而日主弱。運行身旺馳名。財旺官柔。不可以官柔而言不貴。官旺財絕。縱貴亦不顯榮。財星入庫。逢冲破富有千倉。官星正氣遇刑冲。貴而不久。官若有冲還有合。頭角崢嶸。庫逢冲破再逢冲。家資漸退。四柱純財身更旺。不貴即當大富。財官入墓。非損子即傷妻。財官若臨敗絕。寡獨貧寒蹇滯。財官俱值空亡。中途子夭妻傷。奔走仕途。少得傷官就祿。財星秉令支中。早配豪門淑女。官星得祿日時。定生折桂賢郎。月令財居絕地。妻無內助之賢。時上官星無氣。有子不能跨竈。傷官羊及日時。莊子鼓盆之嘆。丙辛遯入酉時。他日何人掃墓。財星帶合日干衰。外春風而內懷奸詐。陽木金多無火制。性剛暴而凶惡之徒。印旺財輕身更弱。錦心繡口之人。財多印輕身又弱。有學寒酸之輩。身弱財多。偏聽內語。官少身弱。一子傳芳。財官俱敗。壯少難行。生地相逢。壯年不祿。學海奔波。非縣佐也只是儒官。財多煞重。富家幹之人。印破財傷少遂青雲之志。印旺一見財鄉。自然家肥屋潤。印輕倘行財運。俄然夢入南柯。印重重財被劫。嚴慈重拜非堂。印綬若行身旺運。到底尋常。陽剛陰柔。兄強弟弱陰盛陽衰。弟必強兄。羊及劫財疊疊。花燭重輝之兆。枉中煞印相生。身旺功名顯達。印旺煞輕。馳身定享科名。煞旺印輕。出世定居武將。帶煞魁罡逢冲戰。性高强而生殺之權。羊刃七煞交加。守邊城軍民受惠。七煞有制化為權。定産麒麟之子。食多煞少身又柔。子少而性無發越。傷官入墓要分陰陽。陽傷官入墓地老天荒。陰傷官入墓有病何妨。傷官又見四柱。有子難繼書香。大運倘得入財鄉。麒角麟毛可寶。金水傷官得令。五經魁首文章。火土水木傷官。恃己凌人傲物。火明木秀日主强。定作狀元郎。傷官身旺若逢財。身到鳳凰臺。傷官身弱見傷官。平地起風波。傷官運若逢刑冲。一夢入幽冥。羊刃及煞敵殺。黄金榜上定標名。傷官有情來合煞。金榜標名定是真。夫年論妻災何處。看財星受尅淺深。子命推母源深。看印星受傷輕重。癸用庚金為印星。乙庚暗合。定然母氏心邪。庚用乙木作財星。重見庚辛。必主室人内亂。戊用癸妻坐亥酉。妻主好色而好酒。已用甲官子午時。縱煞有子損而危。金木交叉身更弱。為技藝而招惹是非。水火遮互帶魁罡。犯刑名而多遭囹圄。羊及傷官逢冲戰。性凶惡而與人少合。水多木少又身柔。性漂蓬而五湖四海。羣陽妬合一陰。如楚漢爭鋒之象。諸陰爭合一陽。不過蛙鳴蟬噪。逢冲則凶。有合反吉。有合則吉。妬合反凶。

●女命賦

凡觀女命要身弱。正氣官星要得祿。有財無煞混官星。定配賢良富貴族。無官便要看財星。財旺生官富貴真。食神祿旺有財星。子貴夫榮理最明。食神祿旺財官衰。子貴夫愚無所托。財官敗絕食神衰。夫庸子懦無所依。財官得祿食神強。因子因夫紫誥章。食神入墓子必損。官星入墓夫先亡。食神重見在中央。早年父母先後亡。縱然蟄蟄螽斯羽。瓜瓞綿綿也難當。干支官食落空亡。後嗣良人命不長。日時辰戌兩相冲。既要偏房獨守空。雖然有子難登第。百歲光陰不善終。金水傷官柱內逢。其人如玉更玲瓏。有財帶印隨夫貴。淑善幽閑主饋中。傷官太旺若無財。一對鴛鴦兩拆開。干頭戊己土重重。心內玲瓏無發越。子午卯酉號桃花。官帶桃花福祿誇。煞帶桃花貧且賤。為娼為妓走天涯。柱中梟食並傷官。子死夫亡是兩端。梟食傷官女命嫌。財食官印女命喜。梟食傷官運見財。決然有子不須猜支。內財官印綬多。非淫即賤損兒麼。癸日生人用戊官。少年定嫁白頭郎。若還亥酉支中見。好飲花中約夜郎。干支暗合貴人多。畫眉咬指笑呵呵。支內暗藏官帶合。定然有寵在偏房。擇婦沉靜要純和。察理詳明不用多。識得崖泉如鏡賦。萬卷千秋永不磨。

●講命捷徑賦

詳觀三命。細究五行。格局乃八字之樞機。日干為一身之主宰。清濁辨乎貴賤。運限決於枯榮。莫言身弱而為造化之良。勿以煞多而斷壽年之夭。要在隨時變通。須知入眼分明。壬癸生巳午月。逆行當主榮華。丙丁值孟冬時。順行早當發達。壬水喜財官。惟八月逢財則破。戊己入非方之運。一生作事無成。庚金無火。非夭即貧。身旺無財縱壽則否。建刄若行財官運。為人必白手成家。庚金若行巳午方。定是中年損壽。月逢羊刄運神喜煞。以嫌財。時透天干。歲月怕官而喜制。煞輕制重。為人到底迍邅。煞重制輕。身旺總須發達。時帶傷官。男命決然損子。柱中印綬。女命決定無兒。印綬與傷官。為人奸吝偏淺。兼作事虛花。正財隱於地支。良貴深藏之士。官煞透於時日。浮濤淺露之人。金白水清。聰明特達。土多火少。晦性昏朦。月逢墓庫。官煞混雜亦無妨。格用財神。比刦重逢於不利。干支同而傷官重。害子刑妻。財星旺而日主強。興家創業。二月丁火有煞。榮貴非常。子提壬水。無財飄蕩。冬土畏寒而喜暖。水嫌印而宜財。身強煞淺。不宜有制。印多身旺。最喜逢財。大抵日主是人之根基。財官為人之祿馬。財官旺而身性良。多主富貴。財官輕而日太旺。亦見貧寒。印綬多而宜見煞。傷官重而不忌官。一位食神。富貴賢良之女。滿盤金水。智慧邪淫之人。官煞混而財星多。夫多重疊。印綬多而日主旺。子息難成

△附論▽

●合喜與合忌

滴天髓曰。不管白雲與明月。任君策馬朝天闕。

日主乘用神而馳驅。無私意牽制也。用神隨日主而馳驅。無私情羈絆也。足以成其大志。是無情而反有情也。

又曰。出行要向天涯游。何事裙釵恣意留。

本欲奮發有為者也。而日主有合。不顧用神。用神有合。不顧日主。不欲貴而遇貴。不欲祿而遇祿。不欲合而遇合。不欲生而遇生。皆有情而反無情。如有裙釵之留。不能成其大志也。

神峰曰。壬逢巳土欲為官。却被青陽起訴端。按青陽者。乃甲木也。引誘合將真貴去。致令受祿萬千般。

又曰壬水相逢陽土時。心懷憤怒起爭非。忽然癸妹來相救。合在凶頑不見威。

上述滴天髓與通考幾則。皆論喜神不宜合。其理與忌神宜合同。然則喜神有合壞。亦有合好。如己土取用為用神。逢甲木之忌神。若生春令。甲旺己衰。猶夫家興旺。豈能從妻。而己反隨夫。失去用神之力。此為合壞。若生夏令。甲衰己旺。猶夫家冷落。則化土從妻。反助用神。是合之更佳。如滴天髓。以為用神與日主無合可以游行天涯。成其事業。理亦不足。莫非成大事業者。皆無妻室也。不過有賢有不賢耳。倘遇妬合。則酒色昏迷。難伸其志矣。聞有貴族之甲午年。乙亥月。庚辰日。己卯時。據云宋子文先生造。官印取用。其取用之法已載冬金論中。

依滴天髓之法。日主與用神皆不宜合。豈知庚逢乙合。己逢甲合。以此類推。日主與用神合亦不忌矣。則何事裙釵恣意留之言。虛而不實是否宋先生真造。吾未盡知也。

滴天髓之反局論

君賴臣生理最微。兒能生母洩天機。母慈滅子關頭異。夫健何為又怕妻。

木君也。土臣也。木浮水泛。土止水而生木。木旺火熾金伐木而生火。火旺土焦。水尅火而生土。土重金埋。木尅土而生金。金旺水濁。火尅金而生水。皆君賴臣生之謂也。其理最妙。木為母。火為子。木被金傷。火尅金而生木。火遭水尅。土制水而生火。土遇木傷。金尅木而生土。金逢火鎔。水尅火而生金。水因土塞。木尅土而生水。是皆兒能生母之謂也。水能生木。水旺則木漂。木能生火。木旺而火熾。火能生土。火重則土焦。土能生金。土多則金埋。金能生水。金旺則水濁。皆母慈而滅子也。木夫也。土妻也。木雖旺。土生金而尅木。水雖盛。火生土而尅水。火土金亦然。是則夫健怕妻之謂也。又有烈火逢水而生土。寒金逢火而生水。火焚木而水竭。土滲水而木枯之類。皆為反局之論。學者可細察其意義。本書生尅論中已詳述。然滴天髓之書。此篇文字為最玄妙。故亦錄之。以貢獻學者之參攷

上述木者。唐君也。水者。則天也。土者。薛氏也。滅其母而存唐室。乃忠臣也。皆文人賣弄筆墨。總之水漂木浮。土尅水而存木。得救援之力。土豈能生木。猶臣無生君之

道也。兒能生母者。不過傷官食神制煞之道。假如火來尅金。不定要水來救。亦有化與合之法。或用傷食。亦不能作生字。應當救字論。世上只聞有救母。未聞有生母也。論母慈滅子之法頗多。如水災滅禾稻。火炎而土焦。土多則埋金之類是也。亦須看節氣為標準。木多火旺而不滅。金多水濁而不亡。夫健怕妻之論。無非城頭土抬棺材。大盤轉之法。不過官煞制身。若以認真子殺父而助母。豈有此種滅倫事也。父母不和。子為和解。是近於理。惟其合局一則合。有宜不宜。合多不為奇之論。則近理矣。

神峰蓋頭說與天髓戰局論之兩較。

●神峰蓋頭說述畧一

何以謂之蓋頭也。如人一身外露之頭。為一身之端。頭與面相連。耳目口鼻在焉。其下則四肢肚腹也。身上偶有不善之處。尚可以衣服飾之。苟若頭面有損。則露出於外。不若肚腹四肢內藏之物。為害輕。大抵人之八字亦然。天干四支頭面也。地支肚腹四肢也。支內藏物。乃臟腑也。如肚腹秀氣發出頭面上來。猶其相之眉目清秀。乃謂好秀氣若其面貌不揚。瘡疣雜出。例如八字忌傷官。若傷官藏支內。尚有衣服掩飾之。若露出天干。則頭面上見了。便不好也。

●天髓戰局論述畧　二

其書曰。天戰猶自可。地戰急如火。干頭甲遇庚。乙見辛。謂之天戰。若得地支純靜者無害。地支中如寅遇申。卯見酉。謂之地戰。則干不能為力。其勢凶頑。若甲寅乙卯而遇庚申辛酉。謂之天地交戰。其凶更無疑矣。
以上兩則依神峰而言。則天干為頭面。或有不善之處。難於遮蓋。其利害為重。地支為四支肚腹。稍有不善。可衣服掩飾。其利害較輕。依天髓而言。天干猶自可。利害則輕。地戰急如火。利害為重。各有其理。但於學者。究以何說為定。則難明矣。惟有用神為把握。或用神透出天干。又或用神在地支。觀傷用神之害重輕為決定。
又有神峰動靜說。較上述尤為近理。附述大畧。以作參攷。其理天干主動。屬陽為男。地支主靜。屬陰為女。以動攻動。以靜攻靜。為有勢。禍害則大。如運上天干甲木。但能攻命中天干之戊土。不能攻支中所藏之戊土也。但有震驚之勢。地支攻地支。以女敵女為有力。如運上申金只能攻八字中之寅木。不能攻天干之甲木。亦屬虛驚。察其意義。與干頭說同。而與戰局論異。蓋此法亦重干輕支者也。男女交鋒。其害更輕。若天髓論甲庚寅申。干支交戰。如在命中。曰內外交戰為禍大。若運逢庚申。戰命中之甲寅。不能作干支交戰論。按每運一字。如行庚運。來戰命中甲木。不關命中寅木。及運上申金。待進申運。來戰命中寅木。又不涉運上庚金。及命中之甲也。此種理由。宜表明。勿使學者如墮五里霧中。如是則天戰與地戰。禍之大小。亦得明顯矣。

滴天髓曰。強眾而弱寡。勢必去其寡。強寡而敵眾。勢在成乎眾。

又曰。強寡而敵眾者。喜強而助強者吉。強眾而敵寡者。惡敵而敵衆者滯。

此論未必盡善。蓋命之去留法。與病人用藥無異。邪氣强正氣弱。且補其正氣之不及。若再去其寡弱。則殆矣哉。凡談命總訣。他强我弱而扶我。我强他弱而扶他。八字本欲偏枯。行運補其中和。以上兩則。惟喜强而助强者吉之句。謂最佳也

三命通會曰。晦氣者。乃不明之象。昏昧之道也。即甲己乙庚之例。以合則晦也。日時干不宜與太歲天元合。合則名曰晦氣。又要分日干合太歲與太歲合日干之例。如甲日己年。與己日甲年之類是也。甲合己災重。己合甲災輕。歲位近者災重。遠者災輕。如歲在日前。五辰而遇合。謂之太歲入宅。晦氣臨門主災厄。

神白經論晦氣。日輕時重。更見人元旺。則主門戶眷屬之災。死絶併冲。主身災。若在地支六合。謂之鴛鴦相合。主好事相近。若干支俱合。主添進人口。得吉神同位。士人宜見官。奏薦文書之喜。若相憎。則有離别之苦。若有相刑之位。更處體囚。主本身災禍。若在六害之位。主小口有疾。或奴婢走失之惱。若在日時宅墓之位。主門戶不寧。及陰人為撓。若有懷姙者。產後必有不寧之象。利在女不利在男。生男則母子中。必有一失。歲君與大運合。亦同論。論干支相合。本書亦已概述。無論其刑害應好應壞。本不摘而錄之。蓋通會有天元合。亦云晦氣流年。神白經以地支六合為有用。主好事云云。究有幾分應驗。是以並錄如右。以資試驗。

●窮通寶鑑之五星論

始觀其五行於四季之發用。頗近用神之法。若再用變通功夫進行。完全一條用神正路。不意逐月理解則不親切。惜哉。畧述春秋之木一二則。以貢獻學者。

木生於春。餘寒猶有。喜火溫暖。則無盤屈之拘。藉水資扶。而有舒暢之美。春初不宜水盛。陰濃則根損枝枯。春末則陽氣煩燥。無水則葉摘根乾。是以水火兩物。既濟方佳。土多則損力。土薄則財豐。忌逢金重。傷殘尅伐。一生不閒。設使木旺。得金則良。終身獲福。夏月之木。根乾葉燥。盤而且直。屈而能伸。欲得水盛。而成滋潤之力。誠不可少。切忌火旺。而招焚化之憂。故以為凶。土宜在薄。不可厚重。厚則反為災咎。惡金在多。不可欠缺。缺則不能琢削。重重佳木。徒以成林。疊疊逢華。終無結果。秋月之木。氣漸淒涼。形漸彫敗。初秋之時。火氣未除。猶喜水土以相滋。中秋之令。果已成實。欲得剛金而修削。霜降後。不宜水盛則木漂。寒露節時。又喜火炎。火炎則木實。有多材之美。土厚無己任之能。冬月之木。盤屈在地。欲土多而培養。惡水盛而忘形。金雖多。不能尅伐。火重見溫燥有功。歸根復命之時。木病安能附助。須忌死絕之地。只宜生旺之方。

●三春甲木

春月之木。漸有生長之象。初春猶有餘寒。當以火溫暖。則無盤屈之變。土多成尅。有損精神。重見生旺。必用金削。可成棟樑。春末陽壯木渴。藉水資扶。則花繁葉茂。初春無火。增之以水。則陰濃氣弱。根損枝枯。不能華秀。春末失水。增之以火。陽氣大盛。燥渴相加。枝葉乾枯。亦不華秀。是以水火兩物。要得時相濟為美。正月甲木。尚有餘寒。得丙癸透富貴雙全。癸藏丙透。名寒木向陽。主大富貴。倘風水不及亦不失儒林俊秀。如無丙癸平常人也。或一派庚辛。主一生勞苦。尅子刑妻。再支會金局。非乏之即貧。如無丙丁。一派壬癸。又無戊己制之。名水泛木浮。死無棺槨。如一派戊己。支會金局。為財多身弱。富屋貧人。終身勞苦。妻晚子遲。或無庚金有丁透。文虜文星。為木火通明之象。又名傷官生財格。主聰明雅秀。一見癸水傷丁火。但作厚道迂儒。或柱中多癸。滋助木神。傷滅丁火。其人奸險梟雄。曹操之徒。言清行濁。笑裏藏刀。若庚申戊寅甲寅丙寅。行金土運。中進士。或甲午日。庚午時。此人必貴。但要好運相催。不宜制了庚金。丁火。或支成金局。多透庚辛。此又不吉。號曰木被金傷。若無丙丁破金。必主殘疾。或支成火局。洩露太過。定主愚懦。常有啾唧災病纏身。終有暗病。支成木局。得庚為貴。無庚則凶。若非僧道。定主鰥孤。女主寡獨。正二月甲木素無從財從煞從化之理。支成水局。戊透則貴。如無戊制。不但貧賤。且死無棺木。故書曰。甲木本無根。全賴申子辰子得財煞透。平步上青雲。凡三春甲木用庚者。土為妻。金為子。用丁者。木為妻。火為子。總之正二月甲木有庚戊者上命。如有丁透。大富大貴之命也。

二月甲木。庚金得所。名羊及架煞。可云小貴。異途顯達。或主武職。但要財以資之。柱中逢財。英雄獨壓萬人。若見癸水。困乎財煞。主為光棍。重及必定遭凶。性情横暴。書曰。木旺宜火之光輝。秋闈可試。木向春生。處世安然。有壽。日主無依。卻喜運行財鄉。

三月甲木。其氣相竭。先取庚金。次用壬水。庚壬兩透。一榜堪圖。但要運用相生。風水陰德。方許富貴。或見一二庚金。獨取壬水。壬透清秀之人。才學必富。或天干透出兩丙。庚藏支下。此斧鉞無鋼。富貴難求。若有壬癸破火。堪作秀才。或柱中全無一水。戊己透干支成土局。又作棄命從財。因人而致富貴。妻子有能。或見戊己見比劫多者。名為雜氣奪財。此人勞碌到老。無馭內之道。女命合此。女掌男權。賢能內助。若比劫重見。淫惡不堪。或支成金局。方可用丁。不然無用丁之法。惟有先庚後壬取用。書曰。甲乙生寅卯。庚辛干上逢。南離推富貴。坎地卻為凶。此之謂也。

●三秋甲木

三秋之木。其性枯槁。金土乘旺。先丁後庚。丁庚兩全。將甲造成畫戟七月甲木。丁庚兩透。科甲定然。庚祿居申。煞印相生。運行金水身伴明君。或庚透無丁。一富而已。主操心太重。不能坐享。或丁透庚藏。亦主青衿小富。或庚多無丁。殘疾病人。若爲僧道。災厄可免。或四柱庚旺。支內水多。不作棄命從煞。見土多可作從財而看。庚多無癸。壬水亦多。戊己亦多。此則專用一些丁火。方可制金。以養羣土。此命大富。丁藏富小不顯。丁露定作富豪得二丁不坐死絕。必然富貴雙全。即風水不及。亦可富中取貴。納粟奏名。或癸疊疊制服丁火。雖滿腹文章。終難顯達。得運行火土破癸。畧可假就功名。歲運皆背。刀筆之徒。支成土局。戊己透干。

制去癸水。存其丁火。又可之科甲。但此等命主。為人奸巧詐。奸說爭非。因貪致禍。奸險之徒。決非安分之人也。

七月甲木。丁火為尊。庚金次之。庚金不可少。火隔水不能鎔金。丁火可鎔金。必賴甲木引助。方成洪爐。若有癸水阻隔。即滅丁火。壬水無礙。且能合丁。但須見戊土。方可制水而存火。

八月甲木。木囚金旺。丁火為先。次用丙火。庚金再次。一丁一庚。科甲定顯。癸水一透。科甲不全。丙庚兩透。富大貴小。丙丁全無。僧道之命。丙透無癸。富貴雙全。有癸制丙。尋常之人。支成火局。可許假貴。戊已一透。可成富翁。或支成金局。干露庚辛。為木被金傷。必主殘疾。得丙丁破金。亦主老來暗疾。或支成木局。干透比刼。反取庚金為先。次用丁火。

九月甲木。其性彫零。獨愛丁火。壬癸滋扶。丁壬癸透。戊己亦透。此命配得中和。可許一榜。庚金得所。科甲定然。或見一二比肩。無庚金制之。平常人也。倘運不得用。貧無立錐。一命甲辰甲戌甲辰甲戌。身伴君王。富貴壽考。此名天元一氣。又名一才一用。遇用財專取己土。或見庚金。可許入泮。白手成家。用火者。木妻火子。子肖妻賢。或四柱木多。用丙用丁。皆不足異。專用庚金為妙。凡四季甲木。總不外乎庚金。譬如木為犂架。欲疏季土。非庚為犂刀。安能疏之乎。雖用丙丁。癸庚決不可少也。九月却不取土妻金子。當取水妻木子。凡甲木多見戊己。定作棄命從財而看。從財格取火妻土子。或見一派丙丁。傷金太過。假道斯文。有壬癸破去丙丁。乃技藝之流。無壬癸破火。支又成火局。乃為枯朽之木。有庚亦何能為力。定作孤貧下賤之輩。男女一理。或有假傷官得地逢生。此正合甲乙秋生貴宜元武之說用水制傷官者。以金為妻。水為子。或丁戊俱多。總不見水又為傷官生財格。亦可云此富貴格。以火為妻。土為子。或甲多庚透。大貴之命。庚藏小貴。或柱中庚多。則又以丁為奇。富貴人也。一命庚申丙戌甲申壬申。此主功名顯達。有文學。若無庚丙年月。又無火星透干。雖曰好學。終困名場。九月甲木專用丁癸。見戊透必貴。如戊戌壬戌甲子壬申。支成水局。干有壬水。有立貴元武之說。配得中和。一榜之命家計豐足。但丁庚未透。不能館選。

總觀寶鑑之五星論。與逐月愛憎有不符之處。與羣衆八字。命運有幾成符合。是否合於五星論中。或合在逐月愛憎之法。未曾指明。觀其意。重在逐月愛憎法。依理須要聯絡一氣。則稱佳作。或十有八之合於行運。亦堪稱妙文。請諸同志試之。又觀其妻子之道。有印綬為妻。比肩為子者。又有比劫為妻。傷食為子者。莫明其妙。並請學者詳察之。其理若何。人之子息多寡及賢愚。從此法而決定乎。或五行所愛之字為妻子乎。若以五行所愛字可作妻子。竟將用神作妻子更妙也。總之子無生父之道。或父有難而子來救。方成人道天理也。

●子平真詮摘論

友人有携來沈孝瞻先生著作。命理三十九論一書。閱之即是子平真詮。余觀其大畧。始則氣質之論。筆法奥妙。所以學者每有視為無上之至寶也。余亦讚其文字之妙。可謂冠於羣書。驗否雖無事實證明。亦苦心之著作矣。觀其後文。理論各節。皆平淡性質。不能聯絡一氣。惜哉。觀其各節。與本書有同意處。亦有異處。本書重於用神。真詮以格局為主。依其定用神之法。不能完善。畧述幾句於後。以貢獻學者之討論。今先敘十干氣質。以陽為陽。以陰為陰。如甲乙者。陽與陰也。甲者乙之氣。乙者甲之質。在天為生氣。而流行於萬木者甲也。在地為萬木。而承滋生氣者乙也。又細分之。生氣之散佈者。甲之甲。而生氣之凝成者。甲之乙。萬木之所以有是枝葉者。乙之甲。而萬木之枝枝葉葉者。乙之乙。方其為甲。而乙之氣已備。及其為乙。而甲之質仍堅。有是甲乙。而木之陰陽具矣。何以又有寅卯。寅卯者。又與甲乙分陰陽。天地而言之者也。甲乙之陰陽。木之行於天。而為陰陽。以寅卯分陰陽。則寅卯陰木之存於地而為陰陽。以甲乙寅卯而統分之。則甲乙為陽。寅卯為陰。以上諸論。皆平淡者也。惟其氣質之變化。散佈凝成之法。與大眾不同。先以甲在天。乙在地。後以甲乙在天。寅卯在地。在天在地。是皆變化之道。有影無形。人雖不見。無論其事之虛實。其文法則佳妙。又有長生之法。與本書不同。本書分旺弱以入用神之道為根據。彼則以氣質循環而推移。其理陽生則陰死。陰生則陽死。即以甲乙而論。甲為木之生氣。流行於萬木者。是乙為木之質。木之枝葉。授天之生氣以生者。是故生於午。而死於亥。夫木當亥月。正枝葉剝落。內之生氣已收藏充足。可以為來春發洩之機。此其所以生於亥也。木當午月。正枝葉繁茂之候。而甲何以死。却不知外雖繁密。而外之生氣已發洩殆盡。此其所以死於午也。乙木反是。午月枝葉繁密。即為之生。亥月枝葉剝落。即為之死。以質而論。自與氣殊也。以甲為例。餘可知矣云云。若甲之布氣在寅卯之月。為最能生發。若以氣言。乃無形之物。誰能見之。就其事實而論。乙之質生午。枝葉正在繁密。繁密者。正茂盛時代也。莫非陰物逢長生。較諸祿旺更强乎。若是則五月乙木。當强過正二三月。八月丁火。當旺於四五月。土月辛金。又强於七八月之辛金。二月癸水。勝於十月十一月矣。天下安有是理乎。若以旺極為長生。五月之木的確最榮華。然八月丁火又如何。誰不知最無精神也。所以真詮之書。氣質文法雖佳妙。論其事實却不符。本書長生論中。亦經解釋。然乎否乎。質之高明。惟其筆法可謂絶妙。觀其後文應驗章。似乎牽强。此書格局與用神並推。法以用神專求月令。而以四柱配之。以推成敗何謂成。如官逢財印。又無刑冲破害。是官格成也。財旺生官。或財逢食生。而身旺帶印。或財格帶印。而位置妥適。兩不相尅。財格成也。印輕逢煞。或官印兩生。或官印兩旺。而傷官洩氣。或印多帶財。而財逢根輕。印格成也。食神生財。或食帶煞而無財。棄食就煞而透印。食神格成也。又有用神之變化法。如乙生申月。透壬化印。而有戊透。財能生官。印逢財而退位。難通月令。格成正官。而印為兼格。癸生寅月。透丙化財。而又透甲。而戊官忌見。丙生寅月。午戌會劫。而又透甲。或透壬水。則仍為印綬格而不破。是故八字非用神不立。用神非變化不可云云。觀以上三則。即為該書用神變化之要法。至於格局無把握可言。試觀各書。皆有貴格排立其間。各出一理。若此則普天之下。盡是貴格矣。甚至假八字。亦能作貴格看。如某書載潘復造。癸未癸未庚午戊寅。月上癸水從戊而化。年上癸水滴水熬乾云云。癸未年何有癸未月。可知格局完全不可靠也。若以用神之道。要命運相符合。命學者。雖非神仙。研究用神一路。十中七八。總須應驗。若癸生寅月。透財透傷官。為傷官格。走傷官運成敗如何。惟丙生寅月。支會三合刼財之局。而透甲或透壬為印格。或煞生印。稍近於理。初交立春時。行運或有相合。若近二月。印運不及煞運之美也。總之定格定用之法。各出其理。應驗多者。其理愈近。乃為最正之道。觀此書所載古人八字。如葛參政造。壬申壬子。戊午乙卯。作為

財旺生官格。為貴命。依神峯所載。乃財官旺日主弱。運行
身旺馳名。則命運相符矣。蓋此造水木重重。身勢正弱。力
難乘其財官。以水木為病。午火助日主之不足。所以達南
方及中央之地。去水而扶日主。乃為發福。此書之解釋。財
旺生官。財露不忌。蓋財露防刼。既有官管。能退其刼財矣。
若依此法。財星取用。干頭有官星。刼財運則不忌矣。茍為
如是之理。則初行癸丑甲寅乙卯。既無刼財之患。又有官
管之美。則更佳矣。但依用神而論。早年木運未必為佳。如
乙卯運。在政學界尚不忌。經商難獲其利也。又有胡會元
命。戊戌壬戌丙子戊戌。此種八字。未貴前當以制煞太過。
或曰洩氣太重。既貴就作貴命論耳。依用神之理解。水土
兩物。皆作洩氣尅制。作重病論。行東南木火之地。化煞破

土。而生扶日主。得三方之用。名曰溫藥補身。觀其書之解釋。日干無印綬。而單透七煞。只要無財。亦是貴格云云。查其行運。初交癸亥甲子。繼以乙丑丙寅丁卯。皆是印運。而破格。逆料此造。必從乙運而發揚。不過政界亦空拳覓利也。但得名譽。或逢提携。即可昇騰。惟運不佳。則事多逆手而已。觀真詮論用神分順逆之法。財官印食為用神之善者。而順用之。煞傷及梟刼。此用神之不善。而逆用之。順者財取用神。必賴食神生之。生官以護之。官喜透財以相生。生印以護之。印喜官煞相生。刼財以護之。食喜身旺以相生。生財以護之。此謂四吉神取用。以生扶為主。若不善而逆用者。七煞喜食制。忌財。印以生扶之。傷官取用喜佩印相制。生財以化之。羊刃及喜官煞以相敵。忌官煞之俱用。月刼喜透官相制。利用財。而透食以化之。此謂四凶神取用。以制化為主。此乃該書論取用之要法也。觀其行運。則與各書無異。先查八字之喜忌。運至其所喜之神即佳。所忌之神即凶。此則論成敗之正理。實則喜神。即用神也。後觀以訛傳訛一則。論命取運。偶然湊合。而遂以已見為不易之說。其言確乎不差。此乃不明用神者。偶有一得之謂也。若真有定用神之學識者。十必有七八可應驗也。學者須隨時試之。觀其四卷第八頁中。載有井欄成格之命。謂庚申三七兩月。方用此格。以申子辰冲寅午戌財官印綬合而冲之。若透丙午有巳午。已現存官煞。而無待於冲。非井欄格矣。如戊子庚申。庚申庚辰。即郭都統之命。喜財運不利填實。餘皆推吉云云。然此格各書亦見之。稍有不同耳。

正閱此篇。理解。適有不速之客。來問休咎。乃四十八歲七
月初十辰時生者。推查八字。亦戊子庚申。庚申庚辰。已載
在秋金論中。貴乎賤乎。若重於格局者。當為貴命。豈知為
普通之小商人也。故談命其為易事乎。本書所述八字。多
為普通之人。內中亦間有貴命在。誰能識之乎。善究格局
之人。亦未必有此目力。無非知其貴而言貴。知其賤而言
賤也。再觀其陰陽生尅一節。即以甲乙丙丁庚辛論之。甲
者陽木也。木之生氣也。乙者陰木也。木之形質也。丙者陽
火也。融和之氣也。丁者陰火也。薪傳之火也。庚者陽金也。
秋令肅殺之氣也。辛者陰金也。人間五金之質也。木之生
氣。寄於木而行於天。故逢秋日肅殺之氣。而銷尅殆盡。而
金鐵刀斧。乃只能傷木之形質。遇金鐵刀斧。而斬伐無餘。

而肅殺之氣。只可外掃葉落。而根蒂愈固。此所以甲以庚為煞。以辛為官。而乙則反是也。庚官而辛煞也。又以丙丁庚辛言之。秋日肅殺之氣。逢丙而尅去。人間之金不畏融和之氣也。此所以庚以丙為煞。辛以丙為官也。人間五金之質。逢薪傳之火而鎔化。肅殺之氣則不為薪傳之火。此所以辛以丁為煞。庚以丁為官也。即以此推之。其餘之相尅可知也。此亦妙文章。以氣敵氣。以質敵質。融和之氣為最有勢力。秋可除肅殺。冬可禦陰寒。春可和生氣。夏令當權。更有威儀。然而論氣。總帶虛空。莫如以質敵質為實。融和與肅殺兩氣相爭。氣之在天。孰勝孰敗。人不能見。惟有寒暖而可分別。依事實而言。秋令融和。不敵肅殺。總歸生氣助融和為多。未必要冲氣而助肅殺也。若產夏令。普通皆用陰氣助肅殺。而敵融和。妙在冲氣助肅殺。而減融和之氣也。嘗見新傳之火不敵人間之金。遇生氣助之則安。或融和與生氣過重用陰氣救肅殺。此則在於初秋。然則八月庚金。未必懼丙火也。若論氣不傷質之説則甲木生酉月。畏庚申運。不畏辛酉乎。如正月生氣見肅殺兩氣相爭。然兩氣皆虛爭而無利。須要陽和之氣方得各顯其能。蓋寒木向陽。寒金得溫均有勢力矣。若沈先生筆法雖佳。總非變通之道也。不過氣與質爭。有陰陽之別。其害較輕。欲分輕重。須察氣候。例如秋冬。初秋時暑氣未退。人在乘涼。近冬寒氣重。熱氣降。雖同在秋令。氣候大異。命學家不可不詳察之也。

● 讀書存疑

任氏所著之滴天髓闡微者。內容豐富。有五百餘造之説解。余未能多閱。畧觀大概。中有三則。不無存疑。一為亥月丑土。能止水衛火。巳土通根。作燥土之意。一為午月丑土。晦火養金蓄水。癸水通根。而助壬水之煞。作濕土之意。一為子月丑土。能晦火不能止水。有為濕土之意。何以仲夏及仲冬之。丑土。作濕土。獨亥月。丑作燥土。難察其中奧妙。其理如何。余不敢妄論。今以此三則。附錄如後。以供大眾探討。

△其一▽見第一冊十七頁

丙子　此造初看一無所取。天干壬丙一尅。地支子午遙
己亥　冲。且寒木喜陽。正遇水勢泛濫。火氣尅絕。似乎名
乙丑　利無成。惟細推之。三水二土二火。水勢雖旺喜無

壬午　金生火本休囚。幸有土衛。謂兒能救母。況天干壬
水生乙木。丙火生巳土。各立門戶。相生有情。必無
爭尅之意。地支雖北方。然喜巳土原神透出。通根祿旺。互
相庇護。其勢足以制水衛火。正謂有病得藥。且一陽後。萬
物懷胎。木火進氣。以傷官秀氣為用。中年運至東南。用神
生旺。必是甲第中人。交寅。火生木旺。連登甲榜入翰苑。是
以青雲直上。由此觀之。配合天干之理。其可忽乎。

△其二▽

癸丑　火長夏天。旺之極矣。戊癸合而化火為忌。還喜壬
戊午　水通根身庫。更妙年支丑土。足以晦火養金而蓄
丙午　水。則癸水仍得通根。雖合而不化也。不化反喜其
壬辰　合。則不抗乎壬水矣。是以甲寅乙卯運。制土衛水。

雲程直上。至癸丑運。由琴堂而遷州牧。及壬子運。由治中而履黃堂。名利裕如也。

△其三▽見第一冊四十八頁

己亥
丙子
乙丑
壬午

此造。俗看丑土能止水衛火。何其妙也。不知丑乃濕土。能洩火。不能止水。丙火在月。壬水相近。己土不能為力。子水又逼近相沖。而且運走西北陰寒之地。丙火無生扶。乙木何能發生。十干體象云。虛濕之地。騎馬亦憂。斯言不謬也。所以屈志芸窗。一貧如洗。尅妻無子。至壬申運。丙火尅盡而亡。所謂陰乘陰位。陽氣衰也。

須得友人抄來一造。據說公平洋行買辦盧少棠先生八字。是否盧君八字。吾亦不知其詳。就將此八字談談。

傷	戊辰	傷官
食	己未	食神
	丁巳	刼財
刼	丙午	專祿

初三庚申
十三辛酉
二三壬戌
三三癸亥
四三甲子
五三乙丑
六三丙寅

依普通談法。以為日祿居時。或曰傷官生財。皆謬説也。然、此造似旺不旺。曰弱不弱。亦以變通之法推算。方能合格。論丁火生六月。大暑之後。雖在失勢之時。不能作旺極看。如人在二十之內。及將四旬之精神也。雖然柱中火多資助。惟不見木。究屬根源不堅。加以年月土數重重。遇瀉疾而洩丁火之氣。幸四柱不見金。其根雖不堅。亦不致受損所以其病尚輕。宜以輕補之法治之。用以辰中一點癸水。暗中生印滋身。正謂煞印相生。功名顯達者也。即輕補之法耳。幼年財運。未必爲利。觀其起家。必在水鄉。逢火地投重補之劑。則不妙也。

印	己卯	正財
煞	丙子	傷官
	庚寅	偏財
劫	辛巳	七煞

初九	乙亥
十九	甲戌
二九	癸酉
三九	壬申
四五	辛未
五九	庚午

據云此造乃史量才先生八字。凡庚寅日生。與今年乙亥太歲。天干乙庚合。地支寅亥合。按日干支與流年太歲干支相合。名曰晦氣流年。人命犯之。十有其八。必出是非且以辛巳時。再冲乙亥太歲。名曰時冲太歲。亦見災害。今兩害並臨。則禍殃不免矣。害之輕重。已詳載本書反伏論中。每見逢此種行年。其害犯及他人傷亡。或遇火災。及官訟

等事。若犯自身。亦疾病虛驚。無生命之憂也。然則逢晦氣等年。其上下兩年。亦能之。如乙亥為晦氣年。甲戌丙子兩年。亦須留意。

又據友攜來文鴻恩先生造。是否文先生真造。固且不論。適命運相符。為此錄之如下。以資參攷。

刼　辛卯　正財
財　甲午　正官
　　庚寅　偏財
煞　丙子　傷官

初九　癸巳
十九　壬辰
二九　辛卯
三九　庚寅
四九　己丑
五九　戊子

庚金生五月。官煞司令。金性尚柔。喜生旺而忌絕。柱中丙火施威。制身已成太過之勢。白鐵豈堪受洪爐煅煉。不意再遇甲寅卯。三木財神。助火作祟。此財星為害命之物者也。難免傷形尅體。以此類推。病重明矣。凡富貴之命。本以病重居多。子水傷官為表藥。雖能去火之病。而日主之氣隨之散盡。所以水亦非所用。五行雖有辛金資助日主。推不見土之正式用神。以成缺如。蓋印綬能害化七煞。而生扶日主。有一物兩用之妙。謂以表帶補之法也。既失此用神。大不幸也。上步庚運。頗許順手。去年交寅木運。財臨絕地矣。再去助火而焚身。且又逢甲木流年。增火勢。今年又值乙亥年。與日干支乙庚寅亥。合成晦氣流年。不免晦氣臨門也。若犯秋末冬初。古曆十月乙亥。禍害更重。何以犯及自己生命。則少見也。

煞 癸酉 偏財
煞 癸亥 正官

初五 壬戌
十五 辛酉
二五 庚申

丁丑 食神
官 壬寅 正印

三五 己未
四五 戊午
五五 丁巳

丁火生十月。火勢本衰。柱中財煞重重。制身太過。得丑土稍可制煞。八字最佳者。惟取寅木印綬。化煞生身。所以定印綬為用神。幼年西方傷用之運。理難許吉。進土運畧轉機。交火大運則尤妙。此命一式有二人。一為嘉定銀行行長。一乃中等商業賬司。營業範圍。大小不關命之相同。各有一路交際或習慣。運之順逆。不致有異。然銀行長生有二子。商業司賬則無子。推此八字子息本少。何以一有一無。莫非妻妾分上。或陰陽宅之關係也。不過成敗方面以個人之命為主。子息非一人之能力。是故有應有不應者也。然應驗居多。惟此二人。壽元亦不同。商業者亡於己運中。

尚有理解。蓋巳酉丑會金局。而傷寅木用神。衰火之根既被損。豈不亡哉。銀行長亡於午末丁初之時。正在佳運之中。人所不識。莫非亦在宅基及心田之關係也。所以談命最不易定壽元。於此可見一班。

●論夭與亡

神峯曰。戊己生人氣不全。月時二處見傷官。必當頭面多虧損。濃血之瘡苦少年。此法亦稍有應驗。故錄之。

壽元歌曰。丙臨申位逢陽水。定見夭年夭可知。干頭透出壬癸水。其人必定死無疑。此法丙申日生值申月。干透壬癸。而無土制。亦頗驗。僕曾見一子。適此種八字。至三歲逢辛年辛月辛巳日。重金生水盜火氣。又值晦氣日。而夭亡矣。後學君子。遇此等小孩命。以變通言之。免使父母担憂。

灰其撫育之心也。

本書初出版時。有命學家攜去一部。次日當攜去八字三則。據云適與本書用神。及用神之外應驗法相符合。要求錄於本書。為此錄之如下。

劫	戊戌	劫財	初五 癸亥
財	壬戌	劫財	十五 甲子
	己未	比肩	二五 乙丑
卩	丁卯	七煞	三五 丙寅
			四五 丁卯
			五五 戊辰

己土生九月。霜降之後。俗法。又為土旺四季。則大謬矣。而不知霜降後。金水交換之間。寒氣已生。土性受盜洩之患。則力寒薄矣。豈可作旺土看。幸水不多。且喜無金。再則土多資身。丁火透出以暖之。使土性得溫和之氣。能生萬物。

卯木七煞獨見。柱中土多。偶逢一木則不忌。且有丁火來化。最得用者。惟有丁火印綬也。此造。進乙運以來頗佳。丙火運中則尤美滿。

印	壬辰	正財	初一癸卯
印	壬寅	劫財	十一甲辰
	乙未	偏財	二一乙巳
劫	甲申	正官	三一丙午
			四一丁未
			五一戊申

乙木生正月。驚蟄未交。寒氣未除。比劫太重。土氣不足。豈能使其長大也。加以二壬水透。非惟不能養木。反足以害木。何也。蓋陰氣增重。豈能發榮也。時下申金虛官。木多使其管束。惟不可多見辰未二土。能作官星之根。又能培養乙木。得丙用之妙。惜不見火。則寒氣未退。全恃寅中一點

丙火。稍來暖之。無如不足。宜走南方之地。使陽光透而解寒。則花木榮矣。所以此造。於巳火運而發展。連下丙午丁未等運。悉在火鄉。惜乙未日。逢庚午流年。天干乙庚合。地支午未合。達到晦氣之年。於次年辛未。壞事發生。壬申尚有餘害。且以壬乃傷用神之物。此二年中。難逃水火災害。大傷元氣也。

傷	癸未	正印	初十	丁巳
卩	戊午	正官	二十	丙辰
	庚戌	偏印	三十	乙卯
食	壬午	正官	四十	甲寅
			五十	癸丑
			六十	壬子

庚金生五月。火性極旺。庚金最無精神者也。柱中二午火司令。當以煞論。似乎制身太過。壬癸二水。非但不能殺火。

反足以洩衰金之元氣。四柱既無比刦資助。全由印綬生扶。且喜八字不見木。印星可以取用矣。此造丁巳丙大運應次。進辰運則稍露頭角。交乙運合庚。不傷戊土。而達目的。至卯運。合戌化火而焚身。以之失敗。甲寅運尚在庸碌之中。現在癸運。尚難發展。至丑土運。始臨用神之方。再與事業可也。惟墓庫逢刑。防見刑服。營業必利。交壬子運無能為矣。

友人陳象封君。與各命學家往來書示余。翻閱之下。有重子平真詮者。又有重命理約言。及滴天髓等。各有所信。觀其用意亦只平常。無出色理論。內有一則。係王曉盧君所致。除敷衍之外。關於論命之法。雖則寥寥幾句。深合命理之要義。為此全函錄於本書。以助命學家之進步。並顯揚

王君之才能也
超然我兄惠鑒。即象封 承致命學苑函。敬悉。苑之發起
人。半係舊日月時法。及大運小限命宮之例等基礎。閣
下已研究過二三年。此等事想已熟知。即其間或你有
不明之處。来信一詢可也。但閣下既肯用心於斯道。何
以數年於茲。一無所獲。或稍含客氣之意。命理學並無
玄奥。蓋數即理也。理明數亦見。譬之花木。水與土之不
能或缺。人皆知之。然陽光空氣共重要。亦不讓於水土。
有時更須賴人工之輔助。倘有需皆備。花木豈有不茂
盛之理。反之無有不萎頹枯焦。所以花枯乃是數。陰陽
五行配備之功。乃是理也。明其理。自然數難逃矣。往往
有未明其理。先言其數。於是推算不準。覆牽強附會。弄

得前後矛盾。或竟逾說逾玄。差以毫釐。失之千里。結果如閣下所說。茫無頭緒。此種現象。確甚普遍。以此為業者。亦复大半類此。從經驗中稍有心得。視作第二生命。不肯輕易授人。亦無怪其然也。至業餘消遣者。倘不肯下死功夫。讀書而又無相當之人指導。經驗又無從去搜求。則一暴十寒。終無有所獲益也。據愚意。能下苦功。將子平淵海等書。讀得爛熟。然後再將近人八字。悉心研討。不過自己須認定目標。因昔人書籍太多。憑經驗立說。似乎據理欠明。切莫徬徨於歧途。此法如嫌迂緩。則可畧得門徑。復即將自己或友人之八字。經過人之批算者。何者為合。何者為不合。合之意何在。不合之意何在。參以己意。筆之於簿。請人決斷。及說明其所以然之理。一旦豁然。孟行向前。不消數月。真堪括目相看。乃事半而功倍也。愚之學術。豈敢自誇。惟自信尚能一貫。不致矛盾。就余學者頗多。青勝於藍。原定學費念元。但可以隨意分繳。年來雖以此為業。然對於志同道合者。決不齦齦於此小利。所以願付學費若干。儘可隨便。決不敲竹槓。請放心可也。命學書。自唐以來。頗多名著。苟能得其竅要。開卷處處有益。倘蒙不棄。藉作永久之友。無不可也。望不吝賜教。是幸。此頌

道安　弟曉廬上　七月五日

觀上述之用意。適合命學之要義。言雖不多。包括無數妙文。

●論滾浪桃花

滾浪桃花。又名牆外桃花。四柱以月令為門戶。日時乃門

戶之外。故曰墻外。如丙子日生人。辛卯時是也。干頭丙辛合地支子卯相刑。裸體見刑。已失禮義。天干再見情合。未免犯及淫慾。若遇此種八字。我雖不去尋花問柳。然花柳方面。亦來就我。此非專指娼妓而言。即良家女遇之。亦大有應驗。如逢丙子月辛卯日。其害則輕。不驗亦有之。然則桃花八字之人。並不一定愛花。性情端方。大有人在。人來就我。情難却耳。

前清海寧陳素庵相國。所著命理約言。書中削桃花之無理。曰春花皆含妖冶。何獨桃花為淫。友人問余曰。究屬桃花意義何在。余以為古人既有桃花之名稱。未必無因。或有深意在。不過相國身分。尚且說不出所以然來。一言削之為快。何況余小商人資格。更難推察矣。經友人再三盤問。惟有俗論。解釋幾句以答之。
按春令雖曰百花齊放。從中須分三春。初春天道尚寒。陽光未充。百花未曾齊放。人之性慾。亦未動搖。二月氣候。陽光充滿天空。此時柳絮飛舞。人之性慾亦漸有不能鎮壓之勢。三月艷陽。桃花正盛。且桃花似帶輕薄。即所謂妖冶。最使人欲醉者也。
士子遊春。又曰踏青。春光明媚。春心蕩漾。小婦思春。正其時矣。吾輩皆過來人。且古人詩賦。皆有桃源洞。賽桃源。世外桃源之詩句。悉讚桃花之美。是故愛美色者。簡稱者花柳也。是耶否耶。吾未敢必。以資參攷。
余閱命理約言。削盡諸外格之無理。關於富貴人。不定皆有格局。宜削之為快。惟成格之人。性質文秀居多。凡研究命學家。皆不重視。論大富貴人。為中和格局則不然。不過陳素庵相國。生於太平天下。而作太平宰相。則享一生之福。非至相國一人享福。滿朝文武皆享幸福。莫非悉是中和之命也。再進一層言。明雖享福。或有一逆手事。及家庭之變遷也。豈能全福。總之大富貴。應推大英雄。能造時勢。可稱為大貴人。然而大貴人未嘗無落魄之時。神峯曰。冲天之羽健。貴有三年之不飛。驚人之聲雄。貴有三年之不鳴。乃為正理。惟約言書看用神法一章。內有幾句。頗近論用之法。為此全章錄下。命以用神為緊要。看用神之法。不過扶抑而已。凡弱者宜扶。扶之者。即用神也。扶之太過。抑其扶者為用神。扶之不及。扶其扶者為用神。凡強者宜抑。抑之者即用神也。抑之太過。抑其抑者為用神。抑之不及。

扶其抑者為用神。如木弱。扶之以水。水扶太過。制水以土。水扶不及。生水以金。木强抑之以金。金抑太過。制金以火。金抑不及。生金以土。至同類之相助。財氣之相資。亦扶也。生物洩其氣。尅物殺其勢。亦抑也。是故有日主之用神焉。六神之扶抑日主者。是也。有六神之用神焉。六神之互相扶抑者。是也。六神之用神。即為日主用也。有原局之用神矣。局中本具之扶抑是也。有行運之用神焉。運中補足之扶抑是也。行運之用神。即為原局用也。用神無破為吉。有助則更吉。用神有損為凶。無救則更凶。命譬之身。用神譬之身之精神。精神厚則身旺。精神薄則身衰。精神長存則身生。精神壞盡則身死。看命者。看用神而已矣。然取用神之法。雖當專一而不眩。亦宜變通而不拘。如正偏官格。有時制化互用。甚或生制參用。觀其看用法全章。惟制化互用。及生制參用。此二句為最有價值。乃定用之路也。下文尚有。不欲再續矣。亦不過大畧。無用神之要訣。

印	丁亥	偏財	初七 壬子
財	癸丑	劫財	十七 辛亥
	戊戌	比肩	二七 庚戌
傷	辛酉	傷官	三七 己酉
			四七 戊申
			五七 丁未

戊土生十二月。大寒後水木交換之際。土性尚在寒薄時代。依呆論。又是土旺四季。豈不呆說。然柱中金水過多。仍以盜洩其氣。大忌增寒為患。雖有丑戌二土雄厚本命而敵水。亦賴丁火暖之。為最有用之物。癸水傷用之神。全由本命合之。此謂貪合忘尅。然此造。其他各運皆驗。惟己土

運則不驗。按巳乃助身之物。結果則相反。不過此種不驗之運。亦不多見。如澹園命談云。十有七驗。可謂精於命理。乃正論也。

劫	巳亥	偏財	甲戌
官	乙亥	偏財	癸酉
	戊申	食神	壬申
財	癸亥	偏財	辛未
			庚午
			巳巳

此巳故潘鶴仁君造。戊土生十月。水旺而身寒薄。癸亥四水。來漂薄土。身巳不敵。加以坐支申金。助水作祟。再則亥中三甲相映。來犯本命。巳見病矣。四柱不見一點火來助戊土。大受其虧。所謂屋無樑而不固者也。全仗年干巳土。稍可敵水助身。却被乙木貼身相制。八字無火。巳大傷元

氣。一點己土。再被木傷。其屋必坍無疑。且以一帶走運。又值西北金水之鄉。今庚適逢乙亥。乙酉月。再犯己土。雖己亥日而助之。却遇乙亥時。來尅日辰。殆乎。然則年月傷用神雖壞。不過失財而已。傷身不多見耳。

本書應研究各種命書高尚之士。要求定用神之法。而出版。所以華蓋驛馬大敗貴人安命等。初學手續。一概删除不載。現因初學同志責余曰。凡命學自然從初步而入手。緩緩進行。由淺而深。方達高尚目的。不論何界皆然。不學初步。無從入手。余得正理所責。為此畧述數則如下。

●四方相屬

東方甲乙寅卯木　南方丙丁巳午火　西方庚辛申酉金　北方壬癸亥子水　中央戊己辰戌丑未土　（天干

五陽）甲丙戊庚壬（天干五陰）乙丁己辛癸（地支陽）子寅辰午申戌（地支陰）丑亥酉未巳卯

●六十甲子

甲子。乙丑。丙寅。丁卯。戊辰。己巳。庚午。辛未。壬申。癸酉。甲戌。乙亥。丙子。丁丑。戊寅。己卯。庚辰。辛巳。壬午。癸未。甲申。乙酉。丙戌。丁亥。戊子。己丑。庚寅。辛卯。壬辰。癸巳。甲午。乙未。丙申。丁酉。戊戌。己亥。庚子。辛丑。壬寅。癸卯。甲辰。乙巳。丙午。丁未。戊申。己酉。庚戌。辛亥。壬子。癸丑。甲寅。乙卯。丙辰。丁巳。戊午。己未。庚申。辛酉。壬戌。癸亥。

●附花甲子

甲子乙丑海中金。丙寅丁卯爐中火。戊辰己巳大林木。庚午辛未路傍土。壬申癸酉劍鋒金。甲戌乙亥山頭火。丙子丁丑澗下水。戊寅己卯城頭土。庚辰辛巳白蠟金。壬午癸未楊柳木。甲申乙酉井泉水。丙戌丁亥屋上土。戊子己丑霹靂火。庚寅辛卯松栢木。壬辰癸巳長流水。甲午乙未砂金石。丙申丁酉山下火。戊戌己亥平地木。庚子辛丑壁上土。壬寅癸卯金箔金。甲辰乙巳覆灯火。丙午丁未天河水。戊申己酉大驛土。庚戌辛亥釵釧金。壬子癸丑桑柘木。甲寅乙卯大溪水。丙辰丁巳砂中土。戊午己未天上火。庚申辛酉石榴木。壬戌癸亥大海水。

●行相生

金生水。水生木。木生火。火生土。土生金。

●五行相尅

金尅木。木尅土。土尅水。水尅火。火尅金。

生我正印偏印。又名梟神。我生傷官食神。尅我正官偏官。即七煞。我尅正財偏財。並輩比肩劫財專祿羊刄。

●裝八字法年求月

甲己之年丙作首。乙庚之歲戊為頭。丙辛之位從庚上。丁壬壬位順行流。戊癸之年從何起。甲寅之上可追求。

例如甲年或己年生人。不論男女。正月建寅。便是丙寅。二月卯。曰丁卯。三月曰辰。便是戊辰。四月即己巳。五月曰午。乃庚午。六月即辛未。七月壬申。八月癸酉。九月甲戌。十月乙亥。十一月丙子。十二月丁丑

或乙年與庚年生人。正月戊寅。二月己卯。三月庚辰。四月辛巳。五月壬午。六月癸未。七月甲申。八月乙酉。九月丙戌。十月丁亥。十一月戊子。十二月己丑。

又丙年或辛年生人。正月庚寅。二月辛卯。三月壬辰。四月癸巳。五月甲午。六月乙未。七月丙申。八月丁酉。九月戊戌。十月己亥。十一月庚子。十二月辛丑。

丁年與壬年生人。正月壬寅。二月癸卯。三月甲辰。四月乙巳。五月丙午。六月丁未。七月戊申。八月己酉。九月庚戌。十月辛亥。十一月壬子。十二月癸丑。

戊年與癸年生人。正月甲寅。二月乙卯。三月丙辰。四月丁巳。五月戊午。六月己未。七月庚申。八月辛酉。九月壬戌。十月癸亥。十一月甲子。十二月乙丑。

日求時法

甲己還加甲。乙庚丙作初。丙辛從戊起。丁壬庚子居。戊癸何方法。壬子自順行。

例如甲日與己日生人。子時便是甲子。丑時曰乙丑。寅曰丙寅。卯曰丁卯。辰即戊辰。巳曰己巳。午為庚午。未乃辛未。申即壬申。酉曰癸酉。戌曰甲戌。亥即乙亥。

乙與庚日生人。子時即丙子。丑時曰丁丑。寅曰戊寅。卯曰己卯。庚辰。辛巳。壬午。癸未。甲申。乙酉。丙戌。丁亥接連次日丙辛日之戊子時。餘類推。

凡年求月之法。上年十二月。必接下年之正月。如甲年十二月為丁丑。乙年正月便是戊寅。五年一轉。毫無錯訛。

按每年十二個月。五年乃六十個月。適合六十甲子之數。日求時亦然也。如甲日生。子時即甲子。輪到亥時。曰乙亥。次日乃乙日為子時。曰丙子。一天十二時。五天合六十時以湊六十甲子之數。其法與年求月同。不過年求月。從正月寅起。日求時從子起。稍有異耳。
排八字法。以日干為主。即本命。假如甲日屬木。乃木命。見
庚申。陽木逢陽金。便是偏官七煞。見辛酉。為陽見陰金。即
正官。見壬亥。陽木見陽水。乃偏印。即梟神。此處亥作陽水
看。見癸子陰水。即正印。此子作陰水看。見丙巳即食神。此
巳火作陽火看。見丁午。陽木見陰火作傷官看。此午火又
作陰火看。見辰戌戊陽土。作偏財看。見己未丑為陰土。作
正財看。再見甲日比肩。見寅曰祿。見乙曰劫財。見卯曰羊
刃。或乙日生人。與甲日陰陽相背。乙為陰木。見庚申曰正
官。見辛酉偏官七煞。壬亥曰正印。癸子為偏印梟神。丙巳
為傷官。丁午為食神。戊辰戌為正財。己未丑為偏財。見甲
為劫財。見乙為比肩。寅為旺。卯為祿。陰干無羊刃。餘做此

類推再將天干五陽五陰。通變排立於後。學者容易明瞭。

(甲)(丙)(戊)(庚)(壬)

甲丙戊庚壬　為比肩兄弟之類。

乙丁己辛癸　為劫財羊刃及主尅父及妻。

丙戊庚壬甲　為食神天厨壽星。又為男。

丁己辛癸乙　為傷官盜氣尅子息削官。

戊庚壬甲丙　為偏財偏妻。又為父為妾。

己辛癸乙丁　為正財正妻。主尅母。

庚壬甲丙戊　為偏官七煞將星權。

辛癸乙丁己　為正官榮身星也。

壬甲丙戊庚　為倒食梟神。主尅子息。

癸乙丁己辛　為印綬庇蔭。

以上五陽通變。以下再排五陰。

(乙)(丁)(己)(辛)(癸)

乙丁己辛癸　為比肩兄弟。

丙戊庚壬甲　為傷官小人。

丁己辛癸乙　為食神天廚壽星。

戊庚壬甲丙　為正財正妻尅母。

己辛癸乙丁　為偏財偏妻偏妾。

庚壬甲丙戊　為正官祿馬。

辛癸乙丁己　為偏官七煞。

壬甲丙戊庚　為印綬正人。

癸乙丁己辛　為梟神偏印倒食。主尅子。

甲丙戊庚壬　為敗財逐馬。

●男女順逆行運

假如甲年生男命。陽年順行。正月生日丙寅。即提綱。從提綱起。初行丁卯。戊辰。己巳。庚午。辛未。壬申。每步五年。第十二步。數至申運。冲提綱寅字為度。

女命逢陽年生。逆行。正月生丙寅。初行乙丑。甲子。癸亥。壬戌。辛酉。庚申。亦十二步。冲提綱為度。

或乙年生人。陰年生。女命順行。正月戊寅。即提綱。從提綱起。己卯。庚辰。辛巳。壬午。癸未。甲申。冲提綱止。

男命陰年生。逆行。正月亦戊寅。初行丁丑。丙子。乙亥。甲戌。癸酉。壬申。亦至十二步冲提止。

●起大運法

起運法。不論男女。凡順行。以生日數至未來節。逆行。以過去節數至生日為止。譬如今年乙亥。正月十七寅時生人順行數。二月初二戌時交驚蟄節止。月小補足計十四天。三天作一年。為五歲欠三分。

或逆行。以正月初二丑時交立春節。起數至生日寅時止。計十五天。即五歲起運。

若以扣足推算。凡順行正月十七寅時。至二月初二戌時。十四天八時。合十五天。尚少四時。每時十天計算。以十二天作四歲。再申一年。即五歲起運。尚欠二天八時。每天十二時。合計三十二時。即三百念天。應加十個月二十天。每逢甲己年。十二月初七交換。

或逆行。正月初二丑時。至十七寅時。計十五天一時。申一年。扣足六歲起運。尚欠十天。每逢乙庚之年。正月二十七交換。餘可依法推算。

●長生掌訣

甲木長生在亥。乙木生午。丙戊生寅。丁己生酉。庚生巳。辛生子。壬生申。癸生卯。均是日干為主。不論男女。逢陽干順行。如甲日生。亥起長生。子為沐浴。丑曰冠帶。寅曰臨官。即專祿。卯為帝旺。即羊刃。辰曰衰。巳為病。午曰死。未曰墓。申曰絕。酉曰胎。戌曰養。

或乙日生。陰干逆行。午起長生。巳沐浴。辰冠帶。卯臨官。寅帝旺。陰干無羊刃。丑衰。子病。亥死。戌墓。酉絕。申胎。未養。餘倣此推算。

●天干五合

甲與己合化土。乙與庚合化金。丙與辛合化水。丁與壬合化木。戊與癸合化火。

●天干相冲

甲戊相冲。庚甲相冲。壬戊相冲。庚丙相冲。壬丙相冲。

●地支四方

寅卯辰為東方一氣。巳午未為南方一氣。申酉戌為西方一氣。亥子丑為北方一氣。

●地支三合

亥卯未合木局。寅午戌合火局。巳酉丑合金局。申子辰合水局。

●地支六合

子與丑合化土。寅與亥合化木。卯與戌合化火。辰與酉合化金。巳與申合化水。午與未合化火。

●地支六冲

子午相冲。寅申相冲。丑未相冲。卯酉相冲。辰戌相冲。巳亥相冲。

●地支三刑

寅刑巳上巳刑申。丑戌相刑未戌真。卯刑子上子刑卯。辰午酉亥自相刑。

●地支六害

六害子未不相親。丑害午兮寅巳真。卯害辰兮申害亥。酉戌相逢轉害深。

●華蓋

寅午戌生見戌字。亥卯未生見未字。申子辰生見辰字。巳酉丑生見丑字。此為華蓋是也。

三車賦云。華蓋重重。勤心學藝。又曰華蓋乃聰明之士。古云。華蓋逢空。偏宜僧道。
奧旨云。柱若逢華蓋犯二德。乃清貴之人。
通明賦云。華蓋臨身。定為外方之人。留心於蓮社蘭臺。容膝於蒲團竹偈。
造微賦云。印綬逢華蓋。尊居翰苑。
古歌云。生逢華蓋。主文章藝術。偏多智慮長。

●驛馬

寅午戌見申字。申子辰見寅字。巳酉丑見亥字。亥卯未生見巳字。此為驛馬。
馬逢鞭策。身不安閑。馬頭帶劍。鎮壓押邊疆。壬申癸酉為真劍。馬奔財鄉。發如猛虎。又曰馬忌空亡。

古歌云。人命若還求驛馬。大利求名求利者。

●六甲空亡

甲子旬中無戌亥。甲寅旬中無子丑。甲辰旬中無寅卯。甲午旬中無辰巳。甲申旬中無午未。甲戌旬中無申酉。

●紅沙

寅申巳亥月。逢酉日。子午卯酉月。逢巳日。辰戌丑未日逢丑日。此為紅沙。

若孟仲之月。巳酉日。或遇吉星亦不忌。或逢四季月丑日。則萬事不宜。又一法。三月逢辰日。四月逢巳日。八月逢酉日。九月逢戌。

●天赦

春戊寅。夏甲午。秋戊申。冬甲子。人命逢之。百事無憂。

●天德

正月生見丁。二月生見申。三月生見壬。四月生見辛。五月生見亥。六月生見甲。七月生見癸。八月生見寅。九月生見丙。十月生見乙。十一月生見巳。十二月生見庚。此為天德。

●月德

正五九月在丙。二六十月在甲。三七十一月在壬。四八十二月在庚。此為月德。

凡遇天月二德日生人。百災不為害之說。確有應驗。如洪君夫人。與賤內。皆甲木生六月。逢天月二德。常有病能不藥而愈。然賤內昔年患時疫重症。危險萬狀。正在九死一生之際。仍能轉危為安。豈不二德之功乎。

●天乙貴人

甲戌兼牛羊。乙巳鼠猴鄉。丙丁猪鷄位。壬癸兎蛇藏。庚辛逢馬虎。此是貴人方。

●安命宫 不論男女僧俗皆逆數

一命宫。二財帛。三兄弟。四田宅。五男女。六奴僕。七妻妾。八疾厄。九遷移。十官祿。十一福德。十二相貌。女命妻妾作夫主。

●僧道安命

一命宫。二衣鉢。三徒弟。四本師。五小師。六人力。七道情。八疾厄。九遊行。十師號。十一福德。十二相貌。

●星辰

生年起太歲。不論男女皆順行。按太歲乃衆煞之主。犯之之不為凶。或子年生人。就以手掌中子位起太歲。丑為太陽。寅為喪門。卯為太陰。辰為五鬼。巳為月德。午為歲破。未為紫薇。申為白虎。酉為天德。戌為吊客。亥為病符。依此類推。

●輪星辰與安命法

凡輪星辰與立命宮之法。論氣不論節。進大寒作正月。進雨水作二月。交春分作三月。交穀雨作四月。交小滿作五月。交夏至作六月。交大暑作七月。交處暑作八月。交秋分作九月。交霜降作十月。交小雪作十一月。交冬至作十二月。

其法以手掌子位作正月。逆行。亥起二月。戌為三月。酉為四月。申為五月。未為六月。午為七月。巳為八月。辰為九月。卯為十月。寅為十一月。丑為十二月。板規不改。

例如戊年生人。生於七月寅時。已過處暑。作八月排算。子正月。亥二月。戌三月。酉四月。申五月。未六月。午七月。巳八月。數至巳宮作八月止。再將巳宮起數。以本人時辰為標準。生寅時。就將巳宮作寅時排。順行。巳為寅。午為卯。以卯作命宮。輪到午字。為卯即是午宮立命。

再推小限。以生年起數從午宮起。就以午字曰戌。逆行。巳曰亥。今亥年。輪至巳宮。曰亥。巳即小限。按小限乃流年太歲之位也。再用上法。戌年生人。以戌為太歲。亥曰太陽。子曰喪門。丑曰太陰。寅曰五鬼。卯曰月德。辰曰歲破。巳曰紫薇。即紫微星值年。午曰白虎立命宮坐白虎星也。餘依此類推。